云南文化发展的市场化变革：
理论、过程分析与思考

赵书虹　著

科学出版社

北京

内 容 简 介

本书的撰写基于文化产业兴起的两个底层逻辑：一是全球化的大背景，二是文化自身发展的规律、潮流与趋势。本书结合文化市场化发展的云南实践，把研究贯彻到少数民族地区的田野研究中。选题回应文化旅游融合发展的时代要求，研究根植于长期文化旅游产业融合发展的实践，结论有助于少数民族地区文化与旅游业融合发展的实践，即选择旅游产业作为实现文化发展的市场化变革的最优路径。

本书适合从事文化产业管理、旅游管理领域研究的师生和业界人士研读。

图书在版编目（CIP）数据

云南文化发展的市场化变革：理论、过程分析与思考 / 赵书虹著. —北京：科学出版社，2023.7

ISBN 978-7-03-070471-9

Ⅰ. ①云… Ⅱ. ①赵… Ⅲ. ①文化市场－发展－研究－云南
Ⅳ. ①G127.74

中国版本图书馆 CIP 数据核字（2022）第 225775 号

责任编辑：徐　倩 / 责任校对：贾娜娜
责任印制：赵　博 / 封面设计：有道设计

科　学　出　版　社 出版
北京东黄城根北街 16 号
邮政编码：100717
http://www.sciencep.com

中煤（北京）印务有限公司印刷
科学出版社发行　各地新华书店经销

*

2023 年 7 月第　一　版　　开本：720 × 1000　1/16
2024 年 5 月第二次印刷　　印张：8 1/2
字数：170 000

定价：**102.00 元**
（如有印装质量问题，我社负责调换）

作 者 简 介

赵书虹，女，博士，教授，博士研究生导师。云南省万人计划教学名师，中国旅游协会旅游教育名师。教育部高校旅游管理类专业教学指导委员会秘书长，全国旅游管理专业学位研究生教育指导委员会委员。原国家旅游局旅游业青年专家，云南省旅游研究学术委员会委员，云南省农业农村厅"绿色食品牌"推广顾问，中国高等院校市场学研究会理事，云南省市场学会副会长，云南省旅游业协会顾问，中国旅游研究院昆明分院特聘专家，云南省商务研究院特聘专家，云南省社会科学界联合会特聘专家，担任多个地方政府旅游发展顾问。《旅游研究》杂志编辑委员会成员。

序

20年前，国家的文化体制改革试点酝酿启动。一位很早就开始进行文化产业研究的同行和我说："云南搞文化产业主要就是要搞和旅游相关的文化产业。"这话固然是对照其他省区市可以重点发展传媒或者影视的状况而言的，涉及当时云南发展文化产业的特殊省情，但若干年后国家文旅行政部门的合并证明了它适用于更大地理范畴的远见卓识。当年文化旅游只是指旅游产业内的一个特殊部分（如博物馆游或民俗游），区别于规模更大的山水旅游及商务旅游。我一直认为山水旅游也是文化产业的组成部分，虽然它只是文化产业中体验性强的一个分支。精致的文化产品显然是原创艺术及其展演。但发展文化产业需要从市场开放起步，所有后发现代化国家尤其高速追赶型后发现代化国家发展文化产业通常是从文化内容较为单薄的行业市场开放起步的。其原因是那里的市场本身发育程度不高，还面临特定的国际竞争和地缘政治形势。虽然文化产品的表达有文野高下之分，但整个产业及市场化方向的底层逻辑是一致的。这个领域的先行者就是要在其最初起步阶段看懂底层逻辑，预先看到它的机遇与挑战、演进与繁荣。从一定意义上说，赵书虹老师较早地看到了文化产业发展的底层逻辑及文旅产业融合的大势。工商管理与旅游管理属于经济学科，但任教于兹的赵老师在2010年就选择大跨度拓宽其学术视野，克服诸多困难到我所在的中国社会科学院中国文化研究中心开展博士后项目研究。其间，赵老师"恶补"人文学尤其哲学、美学及方法论方面的知识，也督促我更多"恶补"经济学和旅游学基础，以能与其进行更深入、有效的交流。文化产业在全球的兴盛要求我们必须具备人文学与经济学的双重视野。我们要从各自原有的学科背景向方法、观念有较大差异的对方学科靠拢。赵老师对当时的艰辛有相当深刻的记忆，但是历尽艰辛后也会有不少思想突破的惊喜。她的博士后出站报告很成功，出站不久就获得中国旅游研究院首届旅游博士后优秀出站报告（全国十佳）奖。其相关论点也在业界受到广泛引用。这里呈现的正是该报告经多次深度打磨的新版本。

文化产业兴起的底层逻辑有两个方面：一是全球化的大背景；二是文化自身发展的规律、潮流与趋势。20世纪70年代以来尤其是90年代以来，由于科技的发展、交通的改善，地球变得越来越"小"，各国之间的经济联系越来越密切。发展速度更快的国家必定是以超常速度融入全球化的国家。在这个时代，走向世界并不依靠船坚炮利，而是依靠文化交往。和平与发展是当今世界的潮流和趋势。

和平发展并非没有竞争，地球上的资源日渐稀缺，因此各个国家的发展要靠不断紧密的经济合作及商品交换来争取可持续的发展。市场是资源配置的最优手段，因此对话或者说商谈就变得很重要。我们说的商谈是广义的，不仅是一两笔交易的谈判，还包括围绕这些谈判进行的所有融洽关系的营造。我们认为这才是文化产业尤其是信息产业和传媒产业兴起的重要原因之一。在这个过程中，人们围绕各自的文化传统及艺术遗存，不断开展文明间的交流，不断形成和增加共识与认同。我们发现，往往越是经济强盛的国家就拥有越强大的文化产业，可以源源不断地提供艺术象征及文化产品。中国在近三四十年间经历了经济腾飞，"中国制造"已经遍及世界各地，但我们也需要关注不太受重视的文化产品创造。用一句时髦的话说，就是要讲好中国故事。中国故事不仅仅是孔孟之道，还是中国人对全球文化充满好奇的理解、批评和参与。在时代大潮中，各国人民之间的相互往来，催生日渐红火的旅游产业。

文化发展的内部规律或逻辑不仅是各门技艺的精进与传承，以及艺术风格流派的更新、迭代，也是随着高新技术日新月异的发展，生产者素质的普遍提高。如今，哪怕是普通老百姓，也对国际政治、国内事务有更多的了解与判断，也希望畅所欲言。正是在这样的过程中，他们对各类传统文化、艺术创新产生巨大的兴趣。这就是我们所理解的大众文化——大众传媒的文化、大众参与的文化和通过市场进行交易传播的文化。一些精英人士也许会感觉大众文化较为低俗，称之为"低文化"。但他们没有看到，在相当长的历史时期内，有一部分群众不识字，不能参与文化活动，不能通过表达来争取自己的合法权益。文化曾经是以垄断的方式存在的，"学而优则仕"，学者与官僚一身二任，正所谓"诸子出于王官"。今天的中国，高等教育进入世界公认的普及化阶段。这时的传媒（包括各种形式的自媒体），文化狂欢不断，除了很多普通人的表达，也不时快闪精彩之举。全社会的文化水准就在这个过程中不断提升。我们看到的文化发展规律是在整个经济社会可持续发展中的文化同步发展，看到的是普遍文化参与的历史潮流。

还应看到，这两个底层逻辑在市场这个场域里紧密地交织在一起。在国际文化舞台上演绎的中国故事，一定是先在中国文化市场中唱响的中国故事。这些故事可能是用多种语言讲述的，是真正的"百花齐放"。回顾改革开放以来的中国，正是由于紧紧扣住了市场化这一方向，才取得了举世瞩目的成就。在文化领域的市场化方面，尽管我们还有很长的一段路要走，但初步的政策框架已经有了一些构建尝试。因此，我们今天还需要进一步探索这样一条道路，这条道路就是该书所标示的"文化发展的市场化变革"。该书的谋篇布局就彰显出一种双重动机推动的底层逻辑及其递进推演。相信这些探索也满足了赵老师在旅游管理专业课程及教学创新方面的需求。

赵老师虽然到北京来进行博士后项目研究，心里却始终装着云南问题。她要用理论探索得到的成果助力云南的发展实践。换句话说,上述市场化的文化发展思路,那种双重动机推动的底层逻辑还要向下贯彻,移植到云南的水土当中去。这里还有深层的理论分析需要拓展。

尽管中央及地方给予多种资金扶持,但作为西部省份的云南在经济、社会、文化发展程度上落后于东部甚至一些中部省份。近年来,随着交通基础设施的快速改善,与旅游产业相融合的、市场化的文化发展结出了硕果,甚至形成了某种可复制的模式。对此,我们仍然可以看到前述文化发展的基本逻辑被贯彻到社会学田野分析当中。

改革开放以前,云南长期比较落后的原因有两个:第一,高海拔山地条件不利于农业耕作技术的提升,工业化难以大踏步前行。第二,当时国家较为封闭的对外政策,使云南成为远离政治经济中心、缺少活力的西南边陲地区;另外,这里的边境安全状况也不确定。改革开放以来,国家政策发生了重大的变化,云南主动融入全球化的国策开启对外开放合作的新气象。国际贸易的展开则为云南的经济发展积蓄了力量。交通设施、媒体传播手段和基础教育水平的持续改善也为文化与旅游产业相融合及市场化的文化发展提供了有利条件。

云南的少数民族传统文化也是农业文明的产物,是稻作文明在不同海拔的山坡谷地上、与各种经济作物混杂、相对封闭环境下形成的诸种变体。在这些相对封闭因而表现出广泛多样性的文化中,包含了不少手工艺技能的成分(服装、建筑、生产及家用工具等),其间也保存了诸多以精美形式表达出的美好愿望及更抽象的价值理念。现在的问题是如何让这些少数民族聚居的偏远地方也能有现代化的发展,极大提升其生活品质甚至改变传统的生产和生活方式。在进行这样的努力之时,无论是居民还是地方政府,缺少的都是足够的启动资金。于是人们看到,市场可以带来持续的资金供应。市场是由需求制约的。有多大的需求,就会有多大的市场。这个需求就是在快速现代化、城市化进程中先富起来的东中部城市居民产生的旅游需求,改变了传统生活方式及其生活环境的人现在有了充足的旅费,想看一眼并未远离的家园和田野。这种潮水般的时尚就是云南偏远少数民族地区实现较快发展的一个机遇。那些在传统社会中保留下来的文化价值成了它们现代化发展的独特的资源禀赋。旅游产业这一经济部门不仅会帮助这种特定的文化交往得以实现,也会将这里的供需关系紧密匹配在一起,这就是市场化文化发展的云南道路。于是我们看到,不少传统的少数民族村镇,重整自己的村容村貌和周边环境,重新施展自己的传统技艺,以自己特有的歌舞表演、美酒佳肴招待远方来客,将自己传统的农业耕作和山野生活变成观光对象,从而将第一产业拉进第三产业的范畴,将传统手工艺制品变成文化产品,也将传统村寨变成遥远城市的繁华飞地。我相信,尽管在这条道路上会有不少坎坷,有许多意料不到的事情发生,但云南各地的少数民族群众会通过这样一种模式实现自身的发展,即现代化转型。这个过程也被认知为地方性文化表达形式创新与旅游服务商业机制的深度融合。赵老师的著作中就记录了许多这样的故事，相信赵老师会在课堂上生动地讲述中国故事的这些篇章，更会不断深化、创新对这些模式的思考。

　　赵老师的这个博士后项目研究结果终于得以出版，嘱我作序。于是我对我们当年合作时的一些理论讨论及近年来云南少数民族地区的文化发展实践做了一些回顾，也算是我对赵老师和云南发展的遥远祝愿吧！

章建刚

中国社会科学院中国文化研究中心副主任、研究员

2022 年 9 月 9 日于北京

前　　言

　　中国的"一带一路"倡议为中南半岛带来了共同繁荣发展的机遇。怎样加快融入倡议实施进程，凸显云南区位优势，把云南建设成为面向南亚、东南亚的辐射中心，是我们应该加快考虑的问题。尤其要加快云南文化的发展，才能增强文化自信，以高位态势辐射南亚和东南亚。

　　云南这样的边疆民族地区，要想充分利用文化资源优势，并将其转化为生产优势、经济优势，就必须从挖掘整理丰富多样的民族文化资源入手，加强文化建设，以文化的可持续为社会经济全面现代化发展奠定基础。因为只有不断地弘扬优秀传统文化，同时彰显云南文化特有的和容性，才能加快融入全国统一大市场，参与国内、国外两个市场的竞争，并不断增强文化自信，提高文化自觉，有效树立中国文化的形象。

　　本书在初步厘清文化基本概念与内涵，明确本书研究对象与范围的前提下，分析全球化对文化发展的一般影响及中国应对文化全球化的发展举措，因为云南文化发展面对的是全球化带来的机遇和挑战，而云南文化发展是中国文化实现其发展目标不可或缺的板块。因此，对云南文化发展的研究不能脱离中国经济市场化改革和对外开放的框架，本书找出市场化变革过程共性的同时，深入探讨云南文化发展的特殊性，以此确立本书的立题依据和意义。同时，本书针对云南文化发展的特殊性分析其市场化变化的主要问题和障碍，并针对性地提出特色产业和融合发展的市场化路径，针对基于特殊性产生的对公共文化服务的特殊需求，提出提升云南公共文化服务效率的举措。

　　本书通过文献梳理、田野调查和理论与实际相结合的分析方法，得出以下结论。

　　第一，市场化是云南文化发展的必由之路。改革开放前很长一段时间，偏安一隅的云南保持着缓慢变迁的发展轨迹，某种意义上这也是云南文化能保持其特殊性、多样性与和容性的先决条件。但这种发展与现代文明的发展要求不相适应，只有强化外部激励，才能激发文化主体的积极性，重新梳理自己的资源基础，认识资源的价值，才能抓住机遇实现文化的创新发展。市场化正是激发云南文化在新时期发展的最强外部激励。

　　第二，公共文化服务是云南文化市场化发展的有益和必要补充。"大杂居、小聚居"的各族分布格局和山高路远、地貌气候差异巨大的区域地理特征，使得云南各民族的社会文化发育程度参差不齐。因此，如果仅靠市场这一资源配置的基础手段，是没有办法在讲究效率的前提下兼顾公平的。只有依靠政府采用公共文化服务的方式，才能照顾到欠发达区域、后发民族，促进其文化发育和发展，也为其提供更多提高文化可行能力的条件和支持。

　　　　　　　　　　　　　　　　　　　　　　　　　　　　　赵书虹

　　　　　　　　　　　　　　　　　　　　　　　　　　　2022 年 9 月

目　　录

第一章　绪论 ……………………………………………………………………… 1
　　第一节　缘起 …………………………………………………………………… 1
　　第二节　目标与思路 …………………………………………………………… 3
　　第三节　撰写过程 ……………………………………………………………… 4
　　第四节　文献综述 ……………………………………………………………… 5
第二章　文化与文化发展原理 …………………………………………………… 12
　　第一节　文化与文化发展的内涵 ……………………………………………… 12
　　第二节　文化发展与经济发展的关系 ………………………………………… 16
　　第三节　文化的发展方式与机制 ……………………………………………… 17
第三章　全球化对区域文化的影响及中国应对之策 …………………………… 20
　　第一节　全球化的含义与动因 ………………………………………………… 20
　　第二节　全球化对各国经济文化发展的双重影响 …………………………… 21
　　第三节　中国文化在应对全球化中发展 ……………………………………… 22
第四章　云南文化发展的条件与特色 …………………………………………… 27
　　第一节　云南文化历史发展的社会、经济条件 ……………………………… 27
　　第二节　云南文化的历史特色 ………………………………………………… 30
　　第三节　云南文化发展环境的变化及带来的新问题 ………………………… 33
第五章　云南文化发展的市场化变革——概述 ………………………………… 36
　　第一节　变革过程 ……………………………………………………………… 36
　　第二节　存在的问题 …………………………………………………………… 48
　　第三节　两点思考 ……………………………………………………………… 52
第六章　云南文化发展的市场化变革——文化旅游产业发展分析 …………… 55
　　第一节　融合过程 ……………………………………………………………… 55
　　第二节　成效与实例 …………………………………………………………… 65
　　第三节　分析与思考 …………………………………………………………… 74
第七章　云南文化发展面临的挑战与路径选择 ………………………………… 77
　　第一节　云南文化发展面临的特殊性 ………………………………………… 77
　　第二节　云南文化发展路径选择的原则 ……………………………………… 89
　　第三节　深化改革，更好地发挥市场的作用 ………………………………… 91

第四节　加大公共文化建设投入，发展公共文化服务 …………………96

第五节　扩大开放，发挥前沿优势，建设文化开放的桥头堡 …………102

第六节　强化文化与旅游产业的融合发展 ……………………………105

第八章　结语 …………………………………………………………………111

参考文献 ……………………………………………………………………116

后记 …………………………………………………………………………120

第一章 绪 论

第一节 缘 起

如今，无论我们是否愿意面对，全球化的进程不可阻挡。正如一位西方学者指出的："现代世界，在某种全新的意义上，已成为一个互动体系，而我们对此却知之甚少。……就其秩序和强度而言，当今世界所卷入的互动达到了一种前所未有的新境界。"[1]全球化已经成为 21 世纪的主题。

在经济全球化趋势日益凸显的同时，世界各国也相继开始构筑新的制度框架或者对以往的制度框架进行逐步调整，以适应经济全球化进程的需要，因为大家已经意识到，全球化并不只是让我们联系更紧密，也意味着"对民族国家主权权利的挑战"。面对这样的挑战，中国融入全球化的进程是政府主导的，在这个复杂动态的变迁过程中，在这些互动的要素中，全球化和地方性的互动显然处于最高的层级，属于母范畴系列。这种动态发展性质使我们看问题时不能采用文化的相互归化的逻辑，而应以涵化、历史化的原则来看问题。

全球化的过程同时也是实现全面现代化的过程。这一过程以工业化、市场化和城市化为基本内容，以知识创新、文化创新和制度创新为根本动力，以实现各民族国家的全面发展为最终目标。在此过程中，地方性与全球性，经济与文化，科技创新、知识创新与制度创新，将形成互促互动的态势。其中，文化的创新与发展，将上升为经济发展的一个极为重要的因素。这一方面是因为现时的全球经济发展已经由要素驱动向技术驱动、知识驱动转变，呈现经济社会发展"高技术"与"高文化"相结合的特征，所以这一时代也被称为"知识经济"时代；另一方面是因为经济全球化的发展已经向世界证明，经济增长与政治（制度）、文化等因素密切关联，文化有利于人们社会地位的调整，而完善的市场机制能保证人力资源的高度流动性，可实现全社会范围内广泛而又复杂的社会分工，解放生产力，大大提高劳动生产率并缩短知识、技术转变为生产力的周期。毋庸置疑，区域竞争力的增强需要文化因素的支持；反过来，区域竞争力的提升又能极大地推动区域内经济和文化的协调发展，而且特定的文化传统与特定的社会经济可以兼容并蓄，产生文化乘数效应，从而促进特定区域生产力进步和社会经济发展。

云南地处祖国的西南边陲，拥有众多的少数民族群体和丰富多样的经济、文化资源，但由于地处偏远、山河阻隔、交通不便及各种复杂的历史原因，长期处于中国经济发展与文化发展的边缘，远远落后于东部地区和中部地区。在全球化深入发展的今天，作为对外开放的前沿，作为国内与南亚、东南亚经济文化交流最频密、最便捷的通道，云南面临着千载难逢的机遇，也面对着前所未有的挑战。究竟应该以什么样的途径切入全球化进程，应该怎样抓住全球化的发展机遇来加快云南本土的经济和文化发展？这些值得我们深思。

改革开放以来，云南边疆民族地区同全国其他地区一样，经受了市场化改革与外来文化冲击，走上了社会主义市场经济和文化发展的大道，经济建设和文化建设都取得了长足的进步。绵延数千年的自给自足的农耕生产方式遭到瓦解，深藏高原峡谷的经济、文化资源开始得到商业性开发，人民生活也随之获得了较大改善。不过，整体来说，民族区域经济的发展仍远远滞后于沿海及中原地区，一些地方依然保持着较为落后的经济生产方式与社会生活传统。我国有 28 个人口较少民族，分布于云南的有 8 个，相较于其他民族，他们在全面实现小康的进程中面临着经济发展更落后、文化教育更滞后、产业发展更缓慢的困难[2]。因此，如何抓住经济市场化、全球化的机遇，继续深化市场经济改革，发挥地处开放前沿、资源富集的优势，加快云南尤其边疆少数民族地区的经济建设，完成传统经济向现代经济的转变，一直是云南发展中所面临的十分紧迫而又十分现实的重大课题。

同市场经济的发展相适应，云南文化也发生了很大的变化。一方面，过去一些"藏在深山无人识"的民族民俗文化，通过产品形式或与旅游相结合的形式走出山门，走向世界，展示了传统民族文化的现代价值与魅力；另一方面，一些由历史悠久的农耕文明、刀耕火种的生计类型所形成的传统文化观念，因不适应市场竞争的需要而被洗刷或淘汰；同时，与市场经济相伴生的某些消极观念也有所显露。重义轻利、谦恭和顺、知足常乐、保持邻里与族群的和谐，以及敬畏自然、爱护自然，保持人与自然的和谐，是云南民族文化中的精华。传承和发扬这一文化精髓，对于纠正当今市场经济的负面影响，构建现代化和谐社会，显得弥足珍贵。因此，如何面对市场化和全球化的冲击，科学分析民族传统文化的演进规律，发挥市场的作用，校正政府的文化角色，实现传统文化向现代文化的转变，成为云南边疆民族地区走向现代化的一个十分迫切而又十分现实的课题。

文化来源于生产和生活实践，又高于生产和生活实践。云南这样的边疆民族地区要想利用资源禀赋，将资源优势转化为生产优势、经济优势，必须从文化建设入手，以文化的可持续为全域现代化奠定基础。此外，在现代民族国家的场域空间中，由于边疆地区往往处于与中心地区相对的边缘地区，历史和现实造就了边疆地区文化与中心地区文化的差异性。在国家与国家之间，边疆更是作为国家之间的缓冲带，同时受到来自两方面的文化冲击和文化影响，只有顺应全球化的大势并适应经济市场化，加强文化建设，发展民族文化，才能以高位态势融入全国统一大市场，参与国内、国外两个市场的竞争，迎接来自具有较强竞争力国家的挑战，有效规避相邻国家和地区造成的屏蔽效应。

亨廷顿和哈里森指出："思想产生思想。技术创新的动力在于它能使经济收益随生产规模的扩大而增长，是由已有的创新思想激发的一种连锁反应。已经积累了丰富技术思想的社会，有可能使创新思想自我持续发展，而缺乏这种思想的社会则可能陷入经济的持久停滞。既然已有的技术创新思想是新思想的来源，富者则会更富。"[3]因此，联合国教育、科学及文化组织提出"未来的进步最终将以文化发展来定义"。无论是云南经济社会的全面发展，还是各民族传统文化的保护与传承，都需要以文化发展为基础，以技术进步为前提，以知识创新为驱动，最终落实到云南各族群众的全面发展中。这既是时代发展的要求，又是"科学发展观"在云南这样的边疆民族地区的具体落实。

第二节　目标与思路

本书的目标是研究探讨加快云南文化发展的路径，以文化的市场化、现代化推动云南经济与社会的全面发展、和谐发展。

为达成这一目标，需要回答以下四个问题：①文化发展的一般规律与机制，以及经济市场化、全球化对文化发展机制的影响；②深化文化市场化改革与政府发展公共文化服务的相互关系；③云南文化发展的条件、制约因素及面临的机遇和挑战；④云南文化市场化的活态样板和经验借鉴有哪些？

云南文化作为中国文化的重要组成部分，在中国文化全球化的进程中发挥着重要的作用。研究云南文化的发展，需要把它放在全国市场化改革和对外开放的大背景下来考察，同时也要深入分析其发展的特殊性。

为了实现前述目标，本书撰写的基本思路如下。

（1）厘清文化发展的一般规律。分析经济市场化、全球化对区域文化发展机制的影响与作用原理。

（2）研究云南文化发展的历史传统与现实状况，分析云南文化发展的条件、优势与劣势，总结改革开放以来云南文化市场化改革与对外开放的成效、经验与问题，把握文化产业市场化改革与政府发展公共文化服务的辩证关系。

（3）分析经济市场化、全球化给云南文化发展带来的机遇和挑战，提出进一步深化文化体制改革，推进市场化改革进程，增强文化发展的活力与动力，转变政府文化角色等对策思路与建议。

主要内容在书中以六个章节来呈献。除第一章"绪论"、第八章"结语"外，其他主要内容为六章。

第二章"文化与文化发展原理"，讨论文化的一般内涵，包括文化的定义、文化发展的基本原理，以及不同条件下（封闭或开放条件下）文化发展的方式与机制。

第三章"全球化对区域文化的影响及中国应对之策"，进一步讨论开放条件下文化发展方式的变化，概述中国文化过去几十年应对经济市场化、全球化的主要做法与经验。

第四章"云南文化发展的条件与特色"，分析云南文化发展的基本条件及由此形成的不同于中部、东部地区的传统文化特色，进而剖析改革开放后云南文化发展条件的变化与制约因素。

第五章"云南文化发展的市场化变革——概述"，概括分析改革开放以来云南文化发展与变革的主要做法、成效和问题。

第六章"云南文化发展的市场化变革——文化旅游产业发展分析"，重点剖析文化旅游产业兴起的市场动因、做法、成效与问题，同时分析政府在文化旅游产业兴起与发展过程中的角色和作用，经验与不足。

第七章"云南文化发展面临的挑战与路径选择"，在前几章分析云南文化发展的条件、总结改革开放以来市场化改革经验的基础上，进一步分析云南文化发展面临的特殊问题，提出今后发展所需选择的路径及相关措施。

第三节　撰写过程

首先，阅读文献，完成综述，为厘清概念奠定基础。

通过文献阅读和梳理，了解前人的研究方法、研究成果，寻找立题的依据。笔者除了阅读大量的相关书籍外，通过 CNKI（中国知网）搜索到相关文献并进行阅读和整理，具体如下：关键词为全球化、文化的共 41 篇（1994 年 1 月～2004 年 2 月），以公共文化服务为关键词的共 294 篇（2002 年 4 月～2010 年 12 月），以全球化与地方化为关键词的共 35 篇（2000 年 12 月～2005 年 10 月），全球化与文化发展共 4 篇（1998 年 12 月～2006 年 2 月），全球化与民族文化发展共 2 篇（2002 年 3 月～2005 年 6 月），云南文化发展共 13 篇（1992 年 6 月～2012 年 12 月），以文化产业为关键词的共 1 642 篇（1989 年 3 月～2020 年 4 月），以文化市场为关键词的共 301 篇（1990 年 3 月～2013 年 4 月）。通过 EBSCO 数据库［收录 SCI（科学引文索引）和 SSCI（社会科学引文索引）期刊 1 500 种］，以 cultural industries（文化产业）为关键词检索到文章 96 篇（1966～2012 年），以 cultural market（文化市场）为关键词检索到文章 152 篇（1971～2014 年），以 public cultural service（公共文化服务）为关键词检索到文章 32 篇（1964～2008 年）。前人的研究成果为本书厘清概念、建构框架提供了大量有益的借鉴。

其次，田野调查，完成资料收集，为实证研究做好准备。

笔者先后在 2011 年 7 月至 2014 年 1 月的三年半时间里赴大理、丽江、石屏、保山等地调研，为本书的撰写收集大量一手资料。通过田野调查，了解云南文化发展的状况，对比记录过往的历史，形成改革开放前后的发展线索。在调查中，本书还获取了大量关于人民群众文化需求的直接表达及对公共文化服务的状况评价，为本书提出改进公共文化服务奠定了基础。调查主要采用资料收集法、访谈法和问卷调查法获取资料。

最后，再次调研，跟踪调查验证结论。

结合调查所得，并在可资借鉴的前人研究成果基础上，选择本书的主导理论，建构本书的研究框架，搭建理论平台，展开研究。把理论主线贯穿于实际问题的分析中，逐步得出本书的研究结论。

在书稿初步完成后，笔者及研究团队又在 2015 年 7 月赴云南省丽江市玉龙纳西族自治县塔城乡署明村进行为期十天的驻村调研，完成《署明村文化生态保护区调研报告》，编制《署明村生态文化保护区保护规划》；于 2016 年 1 月赴云南省迪庆藏族自治州维西傈僳族自治县叶枝镇同乐村进行为期一周的驻村调研，初步完成《同乐村传统文化市场化思考》等成果。两次调研实际是在前述三年半时间取得的理论研究基础上的一种具体化延展，是把研究的理论所得直接用于对具体案例地的研究，指导案例地传统文化保护与发展实践，提出针对当下保护与发展瓶颈的对策。

第四节 文 献 综 述

一、国内研究成果综述

从检索的国内文献来看，"文化产业"显然是一个比较集中的论点，从 20 世纪 90 年代到 2020 年，CNKI 能够检索到的相关文献多达 1 642 篇，足以证明对其关注的持续热度。对文化产业的关注与第三产业在国内的全面崛起相生相伴，如张晓明等提出经济转型期崛起的中国文化产业，与其他相关第三产业一样，其发展也受到传统体制的约束，文化体制改革势在必行，同时，必须考虑文化产业的特殊性既具有一般产业属性，又具有突出的社会公益性[4]。他们把文化产业界定为"奠基于大规模复制技术之上，履行最广泛传播的功能，经商业动机的刺激和经济链条的中介，迅速向传统文化艺术的原创和保存这两个基本环节渗透：将原创变成资源开发，将保存变成展示，并将整个过程奠定在现代知识产权之上"[4]。这样的界定使得过去文化发展的方式完全被颠覆了，技术推动、市场化运作、知识产权保护等全新的概念成为文化产业发展的根基。随着文化产业在各地的发展，研究成果开始聚焦于区域文化产业发展，如章建刚[5]、赵晓红和岳淑芳[6]，钱雯和张敏[7]，尹柯等[8]，喻莎莎[9]，陈政等[10]分别对云南省、南京市、成都市、河南省、湖南省的文化产业发展进行研究，一致认为在 21 世纪的区域经济社会发展中，文化产业的作用不容小觑，强调文化产业发展应该结合本地实际，才能扬长避短形成产业特色，尤其要考虑加大文化体制改革的力度，打破文化产业发展的桎梏，才能真正发挥文化产业带动效应、关联效应强的产业优势。此外，学者还对如何在实现保护的同时促进发展，规避过度市场化的负面效应等问题进行了探讨。由于文化产业首先具有鲜明的经济性，研究成果从经济学角度切入得比较多，如路光前用微笑曲线形象地揭示了技术、品牌、营销、服务等关键环节的创新对于提升产品附加值及获得更多利润的重要意义，指出文化产业当前的发展有很多误区[11]；刘立云研究了中西部文化产业集群的竞争优势，提出由于文化产业的带动关联效用极为突出，产业集群适用于中西部地区地理上接近的区域主动发展文化产业，促进区域乘数效应的释放，但前提是打破地方保护主义和行业保护主义形成的"条块分割"[12]。也有的学者开始关注产业融合的趋势，张琰飞和朱海英用面板数据验证了文化产业与旅游产业的耦合发展关系，提出省与省之间文化产业与旅游产业的融合关系有差异，像云南、陕西等地的文化产业对旅游产业的边际作用和旅游产业对文化产业的边际作用差异较小，且都处于较高的水平，这些地区文化产业和旅游产业的发展都比较迅速，文化产业和旅游产业实现了较好的耦合发展[13]。

产业化的发展是经济社会进入现代化发展进程的必经过程，在这个过程中，市场化是贯穿始终的主题。因此，近年来对于文化市场的研究也形成聚焦。从 21 世纪初到现在，文化市场发展一直是伴随着中国市场化变革推进的，学者和业界人士从多个角度对文化市场进行了界定、阐释，并针对中国实际、地方实际和产业发展实际提出了一系列各具特色的发展对策。在此过程中，加大文化市场的开放力度成为所有学者的共识，因为只有放开准入，才能构筑文化市场各类主体公平竞争的平台，打破过去国有文化单位或组织对资源的垄断，把文化资源和产业资源配置到效率最优的环节，在市场竞争中实现优胜劣汰。蒋占峰和张栋指出，就新农村文化市场增能而言，应该将农村文化市场主体的培育和完善、要素的扩展、传播载体的嵌入，以及法律法规的完善等分别作为新农村文化市场增能的基础、关键、手段和保证，强调从文化发展上首先打破城乡二元结构，公平落实公民文化权利[14]。钱崇涛和赵敏认为文化市场的良性运行既要有政府管理又要有市场的自我调节[15]。市场化变革的目的是解放生产力，让市场成为文化资源配置的基础机制；由于我国尚处于经济转型期，现阶段的文化市场化变革仍然是政府主导的。显然，无论是在中国的农村还是城市，文化市场的培育与完善在现阶段是离不开政府管理的。

公共服务是市场化有益且必要的补充，在"市场失灵"的时候公共服务与公共产品的作用尤其突出。从文献发表的时间来看，关于公共文化服务的研究成果主要是在中央关于大力发展文化产业的相关政策出台前后出现的（2000 年 4 月～2013 年 4 月）。由此我们不难推断，只有当文化产业的发展地位从国家层面开始被认知，国家才会对文化市场化变革与文化产业予以推动和支持。换句话说，也只有当人们的生活水平得到充分提高，对文化产品形成规模需求，文化体制改革被市场倒逼实施并取得一定成效后，政府公共文化服务的效率提升和公共文化产品的公平享有等问题才会受到重视，成为学界、业界和政界关注的焦点。张晓明和李河[16]通过历史梳理中国公共文化服务发展的历程和阶段，既展现了公共文化服务在市场经济条件下发展的一般性，也揭示了中国公共文化服务在转型经济中发展的特殊性。章建刚等[17]全面回顾了中国公共文化服务改革开放 30 年间的发展及取得的成绩，指出在公共文化投入、结构和调节机制等方面依然存在的问题，针对这些问题提出一系列对策建议，以提高公共文化服务的效率。贾旭东指出战略性的中国文化产业政策是中国文化全球化背景下发展的重要引领，其作用和影响力是深刻而长远的[18]。除了从宏观层面研究中国公共文化服务的成果，还有从微观视角切入，以成功范例总结经验，以期形成对其他地方公共文化服务效能提升借鉴的成果。齐勇锋和李平凡从公共文化服务体系建设与国家文化软实力的内容要素和功能目标上建立二者的联系，分析中国公共文化服务体系建设的状况及存在的问题，并提出新时期加强公共文化服务体系建设、提高国家文化软实力的政策建议[19]。高宏存等就 2011 年度公共文化服务体系的发展与完善情况进行回顾、总结和分析，认为公共文化服务体系逐步完善，公共文化服务能力得到提升，优秀传统文化传承体系建设也有新发展，在推进城乡文化一体化，促进公共文化服务均等化等方面也成效显著。但公共文化服务的政策法规体系不完善，政策落实不到位；建设经费保障机制尚不健全；公共文化产品和服务增长不能满足人民群众的精神文化需求；服务提供和服务需求不相适应，需求者信息获知不畅通等问题制约了中国公共文化服务体系的可持续发展[20]。惠鸣等就浙江嘉兴个案进行深入探讨研究，尤其对其公共文化服务的构架创新进行分析，总结了对经济发达地区公共文化服务的发展有借鉴意义的系列经验[21]。无论从宏观还是微观角度切入对公共文化服务进行研究，结果都表明在中国经济社会转型期，公共文化服务的作用尤为突出，但其不能取代文化市场，只是文化市场的辅助和补充，并且公共文化服务的建设与发展要充分体现公平性、非排他性等公共品的基本属性，体现出对大众文化权利落实的关照，对弱势群体和后发地区的关照，对非营利环节的关照等。

文化发展与国内外发展环境密不可分，全球化显然是文化发展无法回避的现实。但关于全球化背景下的文化发展，尤其是民族文化发展的专项研究却并不多见。针对这两个主题共检索到七篇文章。其中，邹广文认为一种文化只有与时代相适应，跟上时代前进的步伐，同时不失自身传统特色，才是一种有生命力的文化。民族文化需要在与外部环境、外来文化的不断撞击中得到锤炼和发展，保留自己的特色，同时吸纳先进元素，跟上时代发展步伐[22]。吕振合认为文化交流是各民族交往的重要渠道，因而进行文化开放要有积极主动的心态，不仅要学习反映现代社会化生产规律的先进经营方式、管理方法，而且对世界各国一切科学的新经验、新思想、新成果都要积极研究和借鉴，同时必须倡导并坚持文化的民族性，通过民族性来吸纳、扩展时代性和世界性[23]。因此，他认为在加强文化开放与交流的同时，继承各民族自己的文化特色，保持民族文化的独立，是我们在文化全球化时代面临的重要任务。吴碧英提出，如何在不回避全球性经济结构调整的统一趋势、注重资本市场重新配置的合法性和合理性过程中，继续有效地保持自己文化的独特性和社会价值的选择权利，是必须认真加以解决的问题[24]。不难看出，学者关于发展才是民族文化在全球化背景下的立足之道是有共识的，尤其强调开放的心态和发展方式的重要性，同时对文化市场化的问题也提出一些初步的想法。

专门针对云南这样的边疆民族地区文化发展的研究成果就更不多见了，尽管检索到 13 篇文章，却没有一篇是专门对全球化背景下云南文化市场化变革进行研究的。王群研究了云南非物质文化遗产[25]；殷国禺认为云南文化发展动力有内部动力也有外源型动力，内部动力主要是"民族意识觉醒"即文化自觉，而外源型动力有强势文化的牵引，但更重要的还在于国家的经济投入和政策引导，并强调这是保证以人为本、科学发展和可持续发展的根本[26]。因此，本书试图在全球化背景下，在中国改革开放的大框架下，研究云南文化的市场化变革的环境、特殊性及相应对策，以及在此过程中公共文化服务的新定位与新内容，以此形成本书与其他类似研究成果的差异性，并在文化现代化发展的研究领域进行一次全新的尝试。

总的看来，学界对文化发展的关注随着改革开放的深入越来越集中，研究对象包括文化产业、文化市场、民族文化发展、区域文化产业发展及公共文化服务等，得出了大量值得借鉴并有启发意义的成果，在一定程度上形成对中国文化发展的理论助推。在研究方法上也由过去的纯粹定性分析，逐步引入经济学、数理统计学的方法，开始定量分析，使得研究结果更具科学性、实践指导性和可操作性。

二、国外研究成果综述

在关于 cultural industries（文化产业）的相关研究成果梳理中，发现以下特征：

一是起步早，最早的文献可上溯到 20 世纪 60 年代，而且无论是业界还是政府层面，对文化产业发展的作用很早就有相当程度的认知。二是涉及范围广，且研究对象比较具体。例如，Kaungamno[27]对坦桑尼亚的图书产业进行了探讨，指出是出版印刷技术的普及推进了坦桑尼亚的图书印刷业发展，进而推动了全国教育业的发展，因为大量的书籍可以比较便宜的价格在全国范围内传播。Pendakur[28]对加拿大电影业进行研究，描述了美国与加拿大电影产业的相互影响关系，尤其是美国电影业对加拿大电影业营利能力的影响，从而提出加拿大应该在相关政策上适度保护本国电影产业。Colista 和 Leshner[29]对流行音乐产业的发展历史进行回顾，用文化霸权主义理论对美国流行音乐对国外乐坛特别是音乐产业发展的影响进行了探讨。Tom[30]认为澳大利亚的文化娱乐产业包括广播、电影、电视、艺术、音乐和体育等多个产业部门，指出过去对该产业从业人员要求不高，使得这一产业从业人员的总体受教育程度低于很多其他专业性要求极高的产业，这将不利于文化娱乐产业的发展，因此提出从业人员资格认证、专业培训等应对措施。

关于 cultural market（文化市场）的研究成果在所有检索到的文献中数量最多。总体来看，这些文献对市场推动文化发展的作用认知基本一致，而且关注到文化市场发展带有鲜明的多元特色，各种产业在文化市场化发展的进程中边界日趋模糊，同时，文化发达国家也通过文化市场实行对全世界尤其是发展中国家的文化霸权主义，在国际文化贸易中居于主导甚至是垄断地位。Jelincić[31]认为文化旅游因为其文化和历史内涵相较于传统旅游产品更具经久的吸引力，而容易吸引旅游者形成"旅游癖"，尽管这种细分市场目前在传统大众旅游市场中占比仍然不高，但其发展前景可观，因为它更符合成熟和中高端旅游者的消费需求，能满足其更高层次的精神需求。Gandy[32]回顾了美国电视业的发展，认为美国电视业对世界各国尤其是发展中国家的电视产业发展造成极大的阻碍。不仅如此，他以电视节目的销售为例，认为美国还在全球不同区域市场实行差别化垄断，通过有效控制供给、价格等途径在全球电视节目的销售中构筑自己主导性的垄断地位。

关于 public cultural service（公共文化服务），从检索到的文献结果来看，关注的重点是类似于图书馆这样的公共文化设施。Council[33]指出图书馆在大学教育、大学向社会提供的教育服务、社区教育服务、（非全日制在校学生）继续教育中发挥着重要的作用，它属于国家文化项目，是教育和培训公共服务的重要基础设施。Yeh[34]以中国图书馆为研究对象，提出一系列由中央政府统一管辖图书馆带来的问题，包括人员管理、薪酬体系、图书馆使用率和设备资料的更新等，更进一步指出图书馆这样的公共文化设施不能被高效利用会直接影响文化变革。

综上，从 20 世纪 60 年代起国外学术界就针对文化产业及各个产业部门进行研究，在所取得的研究成果中，突出了文化产业发展的经济性、社会性和对其他产业的基础性作用。针对文化市场的研究却更多地关注了文化产业发达国家的市场地位、策略，以及利用文化市场倾销它们的文化产品对发展中国家实施文化霸权主义等。针对公共文化服务，国外研究成果强调政府在公共文化设施建设与保障方面的作用，但不认同政府应该是公共文化服务唯一的提供者，或者不是唯一的提供主体，应该从更多渠道来实现对公共文化服务的提升。

三、小结

无论是国内研究成果还是国外研究成果，都对文化发展的重要作用达成了高度共识，且国外研究成果中关于文化产业的研究也证明了产业化应该是文化发展的必由之路，市场化是文化变革的主导力量。从国内外的研究成果不难看出，学者对国际文化市场与国际文化贸易中的文化霸权主义充满忧虑，因而，发展中国家应通过文化发展来提升在国际市场中的话语权，在此基础上提出民族国家在文化政策方面应该适当对保护传统文化予以关注和倾斜。只有这样，才能既在开放中吸纳新知识、新技术以滋养本国文化，又能让本国传统文化的精华得以发展和展示。同时，由于各国文化基础和社会体制不一样，要因地制宜、因时制宜地选择文化发展模式。要解放文化生产力，有效利用文化资源优势，形成文化发展特色，必须推动全面的文化市场化变革。于中国而言，在计划经济向市场经济转变的时期，发展文化和发展文化产业，制度的桎梏尤为突兀，因此，推进文化体制改革在过去的十多年中成为文化研究的热点和焦点问题也就不足为奇了。

民族学家、人类学家强调文化原真性与市场化发展似乎有着天然的矛盾。因此，文化发展也应该有效解决"发展与保护""传统与现代"等问题，有力规避过度市场化对传统文化的负面影响，以技术为手段，以资源优势为特色，以文化创新发展为目标推动文化产业化、市场化的发展模式。

学者普遍认为文化产业是生产和制造文化产品的行业，因此，要获得不竭的发展动力，还得关注对其生产进行投入的要素市场。作为一个特殊的产业，除了常规产业生产需要的资本、劳动力、土地等要素外，于文化产业发展最为重要的莫过于"内容"了，由此，文化产业的发展还要上溯到要素市场，鼓励内容生产，鼓励内容创新，只有这样，才能使文化产业不断获得可大规模复制和生产的对象，也才能让更多文化从资源和要素形态向产品形态转移。当然，在这个过程中就需要既对原初状态的文化资源予以分层次的开发与保护，可以转化形态投入市场的就进入产业复制环节，不可以大规模复制和生产的就进行有效保护和展示。国内外已有的研究成果构筑了对文化资源分层次开发和有效保护的理论基础，承认市场化的两面性，因而在文化产业化、市场化发展中要有相应的对策、措施有效规避负面效应，包括资金投入、人才培育、开发与保护规划等，同时也要强化正面效应。

政府在文化发展中的定位主要是在公共文化产品与服务的提供方面，但公共文化产品与服务的提供也不能完全依靠政府，应该在政府的引导下，无论是政策引导，还是引导性投入，应实现融资渠道的多元化和提供主体的多元化，以提升公共文化设施的服务效能。

第二章　文化与文化发展原理

第一节　文化与文化发展的内涵

一、文化与文明

文化是什么？这是文化研究无法避开的元问题，但至今仍然众说纷纭，莫衷一是。"文化是一个重要，但又含糊甚至混乱的概念"[35]，"每个人都可以对文化做出个人的描述"[36]。据统计，自从 1871 年英国文化人类学家爱德华•泰勒（1832～1917 年）在其代表作《原始文化》一书中第一次给"文化"下了一个明确的定义到现在，有关文化的定义已近 300 种。

在英语中，"文化"对应"culture"一词，"culture"来源于拉丁语。"cultura"起源于古拉丁词"colere"，而"colere"的意思是"居住，培植，保护，尊崇"。拉丁语"cultura"的原意是指对土地的耕作及对动植物的培养。"culture"的原意含有通过人类实践使事物发生变化的意思。因此，在中世纪晚期，"文化"最早的含义是指庄稼的种植和动物的饲养（由此而有农业的含义）；稍晚一点，同样的意义被转换用来描述对人的心智的培养。这一维度引起了人们对其后来用法的关注，即描述个体能力的发展，而且它已经被延伸到包含这样一种观念：cultivation 本身就是一个普遍的、社会的及历史的过程[37]。

西方真正意义上的文化研究始于 19 世纪后期，目前公认的从学术角度首个定义文化的是英国文化人类学家泰勒。他于 1871 年在代表作《原始文化》中首次对文化给出这样的定义：文化或文明乃是包括了知识、信仰、艺术、道德和习俗，以及包括作为社会成员的个人所获得的其他一切能力、习惯的综合体[38]。泰勒的人类学文化定义提出后，便对 20 世纪的社会科学研究产生了巨大的影响。1952 年，美国著名文化学家克鲁伯（Kroeber）和克拉克洪（Kluckohn）在其著作 *Culture：A Critical Review of Concepts and Definitions*（《文化：对其概念和定义的批判性评述》）中，收集了哲学、人类学、心理学等众多学科学者从各自不同领域在 1871～1951 年对文化所做的 162 条定义，并对这些定义进行归纳和评析，在此基础上给出他们认为比较贴切和全面的文化定义：文化由比较明确或含蓄的行为模式或有关的行为模式构成，它通过符号来获取和传递；它涵盖该人群独特的成就，包括在器物上的体现；文化的核心由传统思想，特别是其中所附的价值观构成，文化系统一方面是行为的产物，另一方面是下一步行动的制约条件[39]。

经历了几个世纪的发展，文化已经成为目前含义最为广泛的词语之一。英国文化研究的奠基人之一雷蒙德·威廉斯（Raymond Williams）（1921～1988年）追溯了文化这一概念的发展过程，并提供了一个对文化的现代用法影响深远的梳理。他认为，除了自然科学之外，"文化"这一术语主要在三个相对独特的意义上被使用：艺术及艺术活动；习得的、首先是一种特殊生活方式的符号的物质；作为发展过程的文化。雷蒙德·威廉斯给出了广义"文化"的三个定义：①文化是"开发知识的、精神的、审美的、一般的过程"；②文化是"一个人、时代或集团的特定的生活方式"；③文化是"指知识性的作品或实践行为，尤其是指艺术性活动的用词"[40]。

随着全球化趋势的日益加剧，文化的学科边界更加模糊了。为此，加拿大学者D.保罗·谢弗教授提出一个更为抽象的文化定义：文化是一个有机的、能动的整体，它关涉人们观察和解释世界、组织自身、指导行为和提升、丰富生活的种种行为方式，以及如何确定自己在世界中的位置[41]。

在汉语中，"文"的本义是指色彩斑斓、相互交错的纹理、花纹等图形，"化"的本义则是变化、生成、造化的意思，两字合在一起并称"文化"，本义是指"事物的纹理、花纹等图形的生成和变化"，简称为"事物形态的生成与变化"。人为什么要认识和把握事物形态的生成与变化？因为人的生存和发展离不开自然界和人类自身构成的社会，必须在生产和生活实践中，通过对自然界和人类社会各种事物形态及其变化的观察，才能获得相应的知识和经验，然后再运用这种知识和经验来指导自己的生产和生活实践，从而获得有利于人类生存和发展的物质财富和精神财富，不断推动人类文明的进步。《周易·贲卦·象传》中有"观乎天文，以察时变；观乎人文，以化成天下"之语，说的就是这个意思。

归纳上述各种文化定义，可以说它们的含义是基本一致的，大体包含三部分内容：①文化是人们关于客观事物变化规律的知识和经验；②文化是人们运用这些知识和经验反作用于客观事物的过程；③文化是由人们将知识运用于生产和生活实践过程而产生的各种文化产品，包括物质产品和精神产品。这样就把文化的本义——人类关于客观世界变化的知识，与文化的实践过程、创新过程，以及该过程的结果合为一体，统统装在"文化"这个"大筐"里了。这样做的意义在于全面地把握文化这一现象，将文化看作人类文明的创造与发展过程，避免把文化当作少数人，如作家、艺术家等少数"文化人"的孤立行为来研究。

问题在于，当我们将知识、过程和结果合为一体地包含在文化定义中时，会给文化发展的研究带来某些概念模糊与逻辑混乱，不利于我们具体地研究文化活动、文化现象与人类其他活动、其他现象的区别与联系，不利于揭示文化现象的产生、变化与发展机制。例如，我们可以将人类的所有精神活动、物质活动及其产物，都归并为文化活动和文化产品，这样一来，就分不清"文化"与"经济"，以及"文化活动"与"经济活动"等现象的区别与联系了。

因此，笔者更倾向把这种三位一体的广义文化概念称为"文明"，文化的发展就是人类文明的发展；而把人类关于自然界和人类社会自身变化的知识称为"文化"。文化的发展就是人类对自然界与人类社会自身变化的知识的发展。后者可称为狭义的文化概念。

做出这一区分后，我们就可以较为清晰地把握文化的内涵、文化的实践过程与文化活动的结果之间的关系，更好地理解文化发展的内容与实质，探索文化发展的过程、动力、条件与机制，分析文化与经济、文化与社会、文化与开放等的关系，揭示文化发展的规律。在本书的后续讨论中，笔者均把文化理解为知识，即人们关于客观事物变化的各种认识与经验，简称为文化；将文化应用于实践，并从实践中获得新的启迪与知识的活动称为文化实践与创新过程，或简称文化过程；将文化实践与创新过程产生的结果称为文化产品，其包括无形的精神产品和有形的物化产品。

二、文化的表现形式与文化产品

作为观念形态的文化——知识，存在于人的思想、意识等精神活动领域，是抽象的、无形的、看不见的，但它又实实在在地存在着，随时随地影响着或指导着人的行为。因此，可以通过对人的行为及其结果的分析来把握它的存在，而文化——知识就通过人的行为方式及其产生的结果表现出来，获得了实在的、具体的表现形式。

文化的表现形式大体可划为三类：第一类为文本形式，如以语言、文字、图像、声音、数据等形式记录、留存下来的各种文化、艺术和学术作品；第二类为习俗形式，如以民间礼仪、习俗、歌舞、节庆等活动形式表现和传承的民族、民俗文化产品；第三类为器物形式，如古陶、古物、古建筑等体现不同地域、不同民族、不同时代文化印记的各种人造物品。这三类文化产品形式与以观念形式存在于人们头脑中的文化观念——自然观、社会观、哲学观、宗教观等，共同构成了文化的各种表现形式和内容（表2.1）。

表 2.1　文化的表现形式、内容、价值属性与受益主体

文化的表现形式	内容	价值属性	受益主体
观念形式	1. 自然观（自然科学知识） 2. 社会观（社会科学知识） 3. 哲学观（哲学知识） 4. 宗教观（宗教信仰等）	社会价值	全社会

续表

文化的表现形式	内容	价值属性	受益主体
文本形式	1. 语言、文字、神话传说、文化古籍 2. 电影、电视、戏剧、音乐、舞蹈、美术、动漫和艺术演示等作品 3. 报纸、杂志、书籍等出版物	社会价值与商业价值并存	社会与个人
习俗形式	1. 寺庙文化、祭祀文化 2. 婚丧嫁娶文化 3. 节庆文化	社会价值为主，与旅游业结合产生商业价值	村社居民、旅游者
器物形式	衣、食、住、行、用等器物文化，如时尚文化、饮食文化、家居文化、消闲文化、旅游景观文化等	商业价值为主，与社会价值并存	个人、企业
文化基础设施	学校、图书馆、博物馆、文化馆、美术馆、电影院、广播电视台、体育运动场地等	社会价值为主，也有商业价值（如电影院）	地域居民

（1）文化的观念形式，即文化的本义——知识，是文化的最高层次与核心。它是抽象的、无形的，存在于人们的思想、意识等精神活动领域，需要借助文本、习俗、器物等有形之物——文化产品来表现自己，同时吸收它们的养料来涵养自己，丰富和发展自己。

（2）文化的文本形式、习俗形式和器物形式，是抽象文化的具体表现形式，也即抽象文化的载体。

（3）文化基础设施虽不属于文化的表现形式，却是文化活动或文化艺术展示的场所，为文化的生产与消费服务，其所提供的服务也被列入国家统计局的文化及相关产业分类中，故将其同列于表2.1。

（4）表2.1的右边附有"价值属性"和"受益主体"两列，意在为后文探讨文化发展的市场机制与政府的文化角色奠定基础。

三、文化产业

在中国，把文化产品的生产与服务作为产业来看待，是近20年才出现的。它是文化体制市场化改革与信息技术革命的产物。

近20年来，随着经济工业化和市场化的深入，一些长期被当作公益性的文化事业单位，如新闻图书出版单位、广播电视电影单位，开始走进市场，走向直接服务消费者的第一线，将自己变成企业单位，同时将自身从事的行业变成可通过市场提供服务进而获得收益的产业来经营，从不断开拓的新的服务领域和服务项目中增加收入，增强自身的发展能力。同时，近20年来信息技术的兴起和互联网的普及，令文化——知识的创新与转化为产品的速度大大提高，传统的服务业不断衍生出新的业态，新兴服务业大量涌现出来，诸如文化创意与设计产业、信息传播与服务业、休闲娱乐与旅游服务业等。它们同传统的新闻图书出版业、广播电视电影业、工艺美术品生产业及其他辅助性的文化服务业一起，构成了以满足社会公众的精神与文化生活需要为目标，提供文化产品与相关服务的新产业——文化产业。

2018 年 4 月 2 日，国家统计局发布了《文化及相关产业分类（2018）》[42]，其对文化及相关产业的定义依旧延续如下："文化及相关产业是指为社会公众提供文化产品和文化相关产品的生产活动的集合。"具体范围包括：①以文化为核心内容，为直接满足人们的精神需要而进行的创作、制造、传播、展示等文化产品（包括货物和服务）的生产活动。具体包括新闻信息服务、内容创作生产、创意设计服务、文化传播渠道、文化投资运营和文化娱乐休闲服务等活动。②为实现文化产品的生产活动所需的文化辅助生产和中介服务、文化装备生产和文化消费终端生产（包括制造和销售）等活动。在该分类中，文化及相关产业被分为 9 个大类，分别是新闻信息服务、内容创作生产、创意设计服务、文化传播渠道、文化投资运营、文化娱乐休闲服务、文化辅助生产和中介服务、文化装备生产、文化消费终端生产等，在 9 个大类之下还有 43 个中类和 146 个小类。

第二节　文化发展与经济发展的关系

从上文讨论中，我们已经了解到，广义的文化即文明。文明的发展过程，本质上就是人类认识世界、改造世界，同时认识自己、改造自己、发展自己的过程。在这里，狭义的文化活动与经济活动没有什么区别，它们几乎双位一体地联结在一起，成为人类认识世界、改造世界的统一实践过程。

从狭义文化的视角看，作为人类认识世界、改造世界的知识体系的文化，同生产和生活实践、经济发展也存在着非常紧密的依存关系与互动关系：文化来源于生产和生活实践，又反过来指导和推动生产和生活实践。

人类要发展首先必须能够生存，而要生存就必须在自然界找到或通过人类对自然物的加工生产出可供自己食用的物品。这是人类最基本的实践活动——经济活动。前述西方文化一词的最早词义，指的就是人类最原始的获得食物、解决温饱的经济活动。在物质财富极大丰富的今天，虽然越来越多的人可以脱离物质生产活动而专门从事精神活动，但物质财富的生产依然是人类社会存在与发展的根基。文化只是生长在这个根基上绽开的花！离开这个根基，它会枯萎；离开这个根基，它也无法转变为果实和种子，无法开出更加灿烂的鲜花。这是就全人类而言的。就一个国家、区域或民族而言，依然如此。虽然当下经济贸易、文化交流风行全球，但现实世界还没有只生产精神产品而不生产物质产品、只发展文化而不发展经济的国家。

从认识论的角度而言，人的知识只能从实践中来，从生产和生活实践及科学实验中来。现代科学文化知识以几何级数迅速膨胀，人类进入知识"大爆炸"时代，人们可以通过文化传播、技术转让等渠道来了解那些自己未曾实践过的知识，但要真正了解它、把握它，依然离不开生产和生活实践及科学实验。人们很难设想，没有工业化实践而能掌握现代工业技术知识，没有市场经济实践而能理解当今复杂的市场分工和交易。因此，从这个意义上说，经济发展是文化发展的土壤与源泉。

不仅如此，经济发展还为文化发展提供必要的物质技术条件。人们知道，当今的高能物理技术、航天技术、生物化学技术等，都需要耗费大量的人力和物力，需要拥有相应的实验设备、检测设备及能够制造这些设备的设备来支撑。这些都离不开经济发展的基础，需要具备一定的经济技术条件。就上文所述的文化产业而言，它们的产生与发展也离不开经济发展。经济发展不仅提供了它们发展的物质条件，而且提供了它们发展的动力源泉——需求。可见，文化发展依赖于经济发展，经济发展促进文化发展。当我们考察某个区域的文化发展时，必须同时考察该区域的经济发展和时（间）空（间）条件，不能离开经济发展和具体的时空条件来空谈文化发展。

但是，我们不能因此就认定经济与文化的关系是一种单向的决定与被决定的固定关系。文化作为人类生产和生活实践经验与知识的概括、提炼和总结，虽来源于实践，却高于实践，因而可以反过来指导往后的实践，提高人们的实践能力与实践水平。这体现了人类独具的不同于动物的高级思维能力与创造力。我们知道，人都是有意识的、经过思虑或凭激情行动的、追求某种目的的。人比动物高明的地方，是他在建造某栋房子之前就已经在头脑中把它建造出来了。因而，文化——知识在人们头脑中的积累，对其行动及行动将要获得的结果具有巨大的影响作用，有时甚至是决定性的作用。例如，当某种机会降临并稍纵即逝的时候，人们对该机会的认识与把握，就成了决定性的东西。在以知识、技术为主导竞争力的知识经济时代和全球化时代，文化对经济的引领作用愈加凸显出来。

不过，就总体来说，经济是基础，文化是经济基础的派生物，是产生于经济基础之上，由经济基础决定的，同法律、政治制度一起构成的社会上层建筑。正如马克思指出的："物质生活的生产方式制约着整个社会生活、政治生活和精神生活的过程。不是人们的意识决定人们的存在，相反，是人们的社会存在决定人们的意识。"[43]

第三节　文化的发展方式与机制

从上述经济发展与文化发展关系的分析中，我们已经了解到，文化来源于生产和生活实践，又为生产和生活实践服务。因而，经济实践的内容，在很大程度上决定着文化的内容；经济发展的方式决定着文化发展的方式。

不过，同经济发展主要依赖于当地的人力、物力资源，以及从前人那里继承下来的经济基础有所不同，作为观念形态的文化，具有跨越时间的历史传承性和跨越地域空间阻隔的传播性。历史文化的积淀和域外文化的影响，都会对当地文化的现代化发展产生重要的影响。其中，历史文化积淀与当地经济社会发展的历史过程密切相关，因而仍可归为内生性因素；而域外文化的影响与渗透，则是一种外生性因素，其对本地文化发展的影响力与渗透力，主要取决于本地社会经济体系的开放性。

在自给自足的自然经济与计划经济体系中，社会经济活动相对封闭在区域内，对外交流很少，因而社会经济体系的开放性十分有限，域外文化的影响微乎其微；在以商品交换为目的的市场经济和开放经济中，社会经济活动的范围大大扩展，商品的流动、资金的流动及人员的流动，不仅跨越了本地、本省，而且跨越了国界。于是，域外文化的影响力大大增强，成为本地文化发展不可忽略的重要因素。

一、封闭条件下的发展方式与机制

以农耕渔牧为主要生产方式的自然经济，在云南有较长的历史。中华人民共和国成立后建立的计划经济体系，延续了这种自给自足的生产和生活方式。改革开放后，情况有所改变，商品生产与交换开始发展起来。但在边疆少数民族的部分地区，自给自足的自然生产方式仍占主导地位。

在这些地区，以族群为文化主体，以地理环境为场域空间，没有或很少有族群迁移的流动，没有大众媒介的干扰，更没有与外来文化的交流与冲突，其主要发展方式是自组织、自学习，体现为族群对环境的适应与选择，并通过生活习惯、服饰、仪式等实现身份认同，因此文化生产力低下，产生新文化的可能性小，但同时由于地理环境的相对隔绝也保持了一定的独特性、差异性和原生性。

在相对封闭的条件下，文化发展的动力是族群的生存和繁衍，因而在不断与自然环境产生"根植"的过程中，有选择地保留族群先辈传承下来的生产和生活方式，文化的有效性及适用性是其选择的基本标准；文化发展的内部均衡主要依靠族群的身份认同和地理空间中相互依赖的"共生"机制来维系。

二、开放条件下的发展方式与机制

在市场经济和对外开放的条件下，情况发生了很大的改变。族群主体的迁移、大众媒介的使用，打破了族群在相对狭窄地理环境的生活传统，促进了族群与外界环境和其他主体的商品交换、人员来往和文化交流。族群的传统文化受到冲击，主体的认知开始发生转变。尤其是全球化的发展，压缩了人们生活的空间和时间，信息和交通的全球性网络把生活在不同地方的人们卷进了一个新的时空序列当中，人们的社会关系就从"本土的互动的范围"[44]内超脱出来，跨越时间和空间重新组合，从而把本土实践和全球化的社会关系联系起来，把遥远的社会事件和本土的具体环境交织起来，组成日常生活的多彩画面。

因此，在开放条件下，经济的市场化和全球化成了本地文化发展的强大的外部动力机制。域外文化知识与技术手段的引入，改进和提升了当地的生产力，增加了族群的福利；同时，族群成员对地理环境的依赖性减弱，在迁移与交流的过程中，对族群文化的再认知与外部文化的交流碰撞，促进了文化的发展，与生产力改进相适应的文化继续得以传承，不相适应的部分会逐渐衰落直至消亡，选择的标准是经济的发展与居民福利的增加，发展的方式是学习、吸纳和创新。

云南同全国其他西部地区一样，正跟随东部地区和中部地区的脚步，走上经济市场化、全球化的进程，迎接其所带来的机遇与挑战。

第三章　全球化对区域文化的影响及中国应对之策

　　全球化就像 21 世纪的一个主题曲，在世界各国的上空回荡，既给许多国家带来发展的机遇，又给不少国家带来遭受冲击的困扰。即使那些最先接受它的资本主义发达国家，也不可避免地受到它的反向冲击，不得不祭出保护主义大旗，减轻它对本国经济、就业的负面影响。

　　但无论人们欢迎还是反对，它都会以质优价廉的商品和服务、高效的生产服务体系，为自己开辟全球的通道。因为，它是人类社会经济发展的一个客观的、必然的趋势。

第一节　全球化的含义与动因

　　何谓全球化？全球化是一个描述世界各国、各民族在政治、经济、文化和社会生活等各方面日趋联结在一起，构成相互依存、相互影响、相互制约的紧密关系，导致出现某些方面的趋同和一体化现象的概念。

　　全球化的基本动因源于各国经济的工业化和市场化。科技革命、工业分工的不断深入，为人类释放出巨大的生产力，社会财富以前所未有的规模迅速膨胀起来；随之而来的贸易自由、资本流动、技术转移，以及商品市场、服务市场在世界范围内的持续扩张，兼具低廉价格和较高品质的商品冲破了各民族国家相互阻隔的藩篱，打破了这些国家形成久远的以自给自足为特征的自然经济生产和生活方式，推动了各种资源要素、生产要素的跨国流动与配置，构造了走向一体化的全球经济体系。现代化的交通、通信和信息技术及互联网技术的普及，更加成为全球化的催化剂。它缩短了人们的空间距离，可以使地球上的任何一个偏僻角落都不能置身于这个全球体系之外，由此引发了各国在政治和法律制度、思想意识形态，以及文化和价值观念等上层建筑领域的竞相变革，令各国在经济、政治和文化领域出现了某些趋同现象。

　　不过，某些现象的趋同并不等于各国、各地区、各民族原有差异与对立的消失，也不等于今后不会再产生新的差异与对立。就像经济往来的频密、相互依赖的加深和相互影响的增强，并不会消除各国、各民族相互的摩擦与对立一样。全球化是一个相当长久的历史过程。在这个过程中，经济的冲突、政治的争议、文化的激荡依然会时起时伏，它既会给各国、各民族带来无限的发展机遇，也会给各国、各民族带来前所未有的挑战。

第二节　全球化对各国经济文化发展的双重影响

世界经济的市场化、全球化，令各国的经济活动跨越了国界，同时也令各国的文化活动跨越了国界。这不仅给本国文化发展开辟了极其丰富多样的内容来源，而且为本地文化产品的销售开拓了广阔的国际市场。更为重要的是，为了适应国际市场的竞争环境和竞争规则，各国都必须改变以往封闭、半封闭的经济、文化发展方式，在全球化竞争中谋求互利共赢的发展道路，将人类文明大大地向前推进一步。

不过，与一切事物都具有两重性一样，经济市场化、全球化也是一柄"双刃剑"。一方面，各国、各民族和各群体相互交往频密，不仅意味着相互依存、相互联系紧密程度的增加，而且意味着相互竞争与相互冲突的可能性在同时上升。人口的增长，资源的争夺，工业化引发的环境污染与全球温室效应的加剧，使地球这个小小的星球变得越来越拥挤，越来越不适合人类的生活和繁衍。如何应对这些全球性问题，已成为各国、各民族矛盾冲突的新焦点。另一方面，各国、各地区被卷入经济市场化、全球化进程的先后次序与竞争实力不同，在经济市场化、全球化中所占有的地位、话语权与影响力不同，因而经济市场化、全球化对各国的发展效应、所得利益也不尽相同，由此引发的矛盾冲突就在所难免。社会财富全球总量的增长并不意味着不同国家、不同民族和不同群体财富拥有状况的普遍改善，市场竞争导致的财富分配不均有可能进一步恶化。新知识、新技术、新观念在全球范围的传播，虽然可以提升全球物质、文化的生产力，但也可能导致人口较少民族、人口较少国家独有的优秀文化遗产面临被湮没、被遗忘的危险。

当然，先行国家的竞争优势与后发国家的竞争劣势并非一成不变。任何国家、地区都有自己的长处与不足，在国际市场竞争中也都有自己的优势与劣势。问题在于怎样参与全球化竞争，如何发挥自己的优势，避开自己的劣势。只要正确选择适合国际市场又适合自己条件的应对之策，就能逐渐将劣势变为优势，将后进变为先进，在全球化进程中获得自己的利益。经济发展如此，文化发展也如此。

不过，就全球化对中国文化发展的影响来说，正面效应是主要的。

1. 推动了国内文化需求的规模化增长

工业复制手段的广泛运用和大众传媒的发展，使得过去精英人士才能消费的文化产品变得大众化和普及化，加之改革开放促使人们收入水平不断提高，产品生产成本不断降低，更多普通老百姓能够跨过文化消费的硬件门槛（如购买电视机和收录机、录像机等），满足家庭文化消费和个人文化消费，逐步形成人民群众不断增长的文化需求。不断增长的需求规模，让各种资本看到了文化消费市场未来发展的趋势和文化生产的巨大盈利空间。

2. 刺激了国内文化产业的崛起，并形成对文化体制改革的倒逼机制

需求的市场规模支撑产业发展，产业发展效益又对各种主体资本形成刺激。进入产业发展和产品生产的主体越多，越容易形成产品供给者之间的市场竞争，而竞争必然导致产品质量的提高和价格的下降，这一方面更加有力地刺激和引导了中国文化消费市场的合理化发展，另一方面大大加速了文化市场化的进程，文化产业的发展效益越来越令人瞩目。与之相对应，生产的迅速发展，对生产关系提出了变革的要求，要求更有利于解放生产力，允许资本和资源自由流动，打破行业壁垒和逐步降低政府管控的力度。从这个意义上讲，文化全球化和中国文化产业的迅速发展，都形成了对文化体制改革的倒逼机制。

第三节　中国文化在应对全球化中发展

改革开放以来，尤其在 2001 年加入世界贸易组织之后，中国在应对经济全球化过程中的成就有目共睹。这里只讨论中国文化在应对全球化过程中的发展状况。

其实，同中国在应对经济全球化的行动上所取得的成就一样，中国在应对文化全球化的行动中，也取得了不容小觑的成就：国有文化企业的改革转型取得初步成果，主营业务收入和资产总额都有了较大幅度增长；民营文化企业发展迅速，涌现出一批实力较强的文化企业；文化市场体系建设逐步展开，文化产权交易所、文化产业交易博览会等多种文化市场形式依次建立，文化企业上市融资迈开了步伐；重点文化产业快速发展，文化产品的品种、样式、数量迅速增加，精品力作大量涌现。新兴文化产业和特色文化产业得到快速发展，文化产业对国民经济增长的贡献率不断上升，日益成为新的经济增长点。作为中国政府向世界推广汉语、增进各国对中国文化了解而举办的孔子学院，自 2004 年 11 月在韩国首都成立第一所以来，截至 2021 年底，已通过中外合作方式在 159 个国家设立了 1 500 多所孔子学院和孔子课堂，遍布全球五大洲 100 多个国家和地区，累计培养各类学员 1 300 多万人[①]。

---

① 柴如瑾，郭晓蕾.中文走向世界，共筑美好未来. http://www.xinhuanet.com/world/2022-04/20/c_1128575977.htm，2022-04-20.

一、中国应对全球化的优势

中国之所以能够取得这样的成就，是因为中国有着许多中小国家都缺乏的应对全球化的优势。

1. 中国人口众多，体量巨大

中国有 14 亿人口，56 个民族，并有绵延 5 000 多年、历经跌宕起伏但从未中断过的文明史，这在世界上是独一无二的。无与伦比的人力资源，以及丰富多彩的历史文化资源，是中国参与文化全球化的重要依托和优势条件。文化是民族的灵魂，是国家"软实力"的重要标志，是综合国力的重要体现。中国文化在过去 40 多年的发展得益于中国文化有着巨大的影响力。全球使用汉语的人口为世界之最，中国悠久的历史文化除在中国境内，还在东南亚、北美及欧洲的华人区具有广泛的影响。这本来就是中国的文化发展及中国文化进行市场开拓的最有利条件，因此，改革开放尤其是开放的市场经济发展态势，为弥合由语言和文化差异所造成的经济全球化和国际交往障碍，奠定了基础，极大地推动了中国文化的发展，让独树一帜的中国文化，包括传统文化与现代文明都以其独特的方式向全人类展示着中华民族的风采。在市场竞争理论中，保持产品差异被认为是维持产品在市场上垄断力量的关键。文化产品差异首先来自价值观及表达手段的独特性，因此，深厚的历史积淀和丰富的民族文化也成为中国在国际市场竞争中和在赶超发达国家时可以依赖的比较优势。

2. 中国的国内市场广阔，回旋余地很大

这不但对国外的文化企业具有强烈的吸引力，促使它们纷纷进入中国市场，令国内企业在本地就能接触、考察、吸收它们带来的各种优秀文化资源为己所用，而且也给本土的文化企业和文化产品创造了施展拳脚的广阔场所，令它们有机会在国内市场经受磨炼，在获得经验、积累资金而成长壮大后，再到国际市场上展开竞争，增加了成功的机会。早期在美国上市的中国几大门户网站，和在美国上市的京东购物网等互联网企业，都是这样走过来的。它们的成功是很好的明证。

3. 中国有组织良好、决策高效的政府

全球化竞争当然要依托企业的竞争、人才的竞争，但政府的作用是不可或缺的。不仅全球化竞争的游戏规则要由政府出面来跟各国展开谈判，为本国企业争取尽可能公平公正的竞争平台，而且全球化竞争的秩序也要由政府制定和执行相

应的法律法规来维护。因此，一国政府的决策能力、谈判能力和全球化治理能力，对于该国企业在全球化竞争中的成败具有不可忽视的影响。我国政府的决策效率和集中力量办大事的动员能力，可以对国内文化企业和文化产品的生产发挥有效的组织引导与扶持作用。

二、中国应对全球化的主要做法

经济全球化进程的加速，使得以技术为基础，以信息为内容的全球范围内的文化沟通与交流变得空前容易和频繁，加之改革开放几十年间，各种新观念、新思想、新技术、新产品甚至新业态进入中国，使各类文化主体得以增长见识、积累认知。见多识广的文化主体对文化消费不断产生更多更新的需求，构成了促进文化发展的市场原动力，相较于增长缓慢的文化供给，全球化引领下的中国文化消费日渐旺盛，从而逐步推动文化生产行业发展，培育起具有中国特色的文化市场，大大推进了文化市场化的进程。

改革开放的 40 多年也是中国经济飞速发展的 40 多年，经济发展取得的巨大成就令世人瞩目，中国已经成为世界第二大经济体，各方面都已取得长足的进步，并对与之相对应的生产关系及制度形成变革的倒逼，逐步推进的体制改革在各个领域都取得成效。在中国文化体制改革与市场化发展的过程中，中国文化逐步融入文化全球化的发展序列。

改革开放以来，中国应对全球化的主要做法有如下三个方面。

（1）在深化经济体制改革的同时，推进文化体制的改革，发挥市场的作用，改变国家从事文化生产、计划配置文化消费的局面，释放中国民间蕴藏的巨大的文化生产力。

第一，转企改制，解放文化生产力。企业是市场的主体，是自负盈亏、自主经营和管理，同时也向政府提供税源的主体。企业自主决策、公平竞争，能够以市场效率为基准进行决策和规避风险，以营利为目标来经营管理，其资源利用效率比较高，参与竞争、不断创新的主动性强，企业也因此更具生存活力。因此，改变文化单位的经营管理体制，转变身份，把更多的文化资源释放出来，并直接由市场配置到效率更高的环节，同时通过资源的重组和整合，形成大规模的文化企业甚至企业集团，形成规模生产和经营效益，提高市场集中度。1996 年，中国第一家报业集团——广州日报报业集团在广州成立，之后广州又出现了南方日报报业集团和羊城晚报报业集团，三家报业集团整合了原来分散在珠三角地区的报业资源和网络媒体，形成了纸媒和虚拟媒介同时进行信息发送的双轨模式，每家报业集团还根据大众对都市类、时政财经类、时尚生活类信息的偏好差异性，开办子报，如南方日报报业集团以《南方都市报》《南方周末》《21 世纪财经报道》

着力打造分众化的传媒市场，在细分市场上形成局部垄断，创造和提高了纸媒的营利能力。该报业集团成立后，通过垂直一体化管理，降低内部交易成本，将原来的"正溢出"内部化，形成中国报业前所未有的集团化规模经济效益。

此外，国家还对国有艺术院团进行撤分与合并，完全改变全额拨款事业单位的身份，在此基础上成立演艺公司，让企业成为自主掌控人权、财权和资产处置权的市场主体，但同时也面临着完全自负盈亏、自主参与竞争的风险，以此激发企业自我发展的积极性和主动性，提高企业自我发展的能力。沈阳杂技团在改制后对全员实行聘用制，以需求指导节目创作和演出，以市场决定人员聘用数量和对象，打破"铁饭碗"不仅减轻了国家的负担，也让企业充满了活力，个人得以回归市场，重新选择自己的发展定位，极大地解放了生产力，改制后两年就实现了盈利，并且节目远销欧美地区。

第二，深化文化体制改革，逐步有序开放文化市场。除对现有掌控文化资源的国有文化单位进行改制，逐步打破资源垄断和行业垄断外，文化全球化和加入世界贸易组织也对中国开放市场提出了要求。因为只有开放市场，打破对社会资本、民间资本进入文化生产环节的壁垒，才能真正实现各种主体和资本的公平竞争，实现文化市场产品供给的"百家争鸣"和"百花齐放"，满足人民群众日益增长的、多元化和个性化的文化需求，填补计划经济时代文化生产的空白，最终形成以市场作为选择和淘汰基准的、全链条文化产业。只有这样才能提高中国文化产业的竞争力，壮大发展规模，才能逐步参与国际文化市场竞争，并在文化贸易中赢得主动权和话语权。

（2）积极扩大文化开放，有选择地引进、借鉴和吸收国外的优秀文化，同时积极支持中国文化企业和文化产品走出国门，走向世界。

逐步通过文化对外开放，引进国外文化产品，丰富中国文化市场的产品供给，同时促进中国文化产业发展。在借鉴与学习中，我们发现，对真善美的追求显然是人类的共通表现，国外文化产品尤其是美国这样的文化产业发达国家的产品之所以能受到市场的认可与接受，创造巨额的市场利润，是因为其针对多元的文化市场需求，借鉴、挖掘各国的文化资源，利用现代技术创新表达方式，形成超越民族、种族和地域差异的大众文化产品，引导并培育对其文化产品的消费群体，形成在全球文化市场上绝对的竞争优势。因此，在文化产业发展的起步阶段，国家产业政策鼓励中国的文化企业逐步形成生产能力和出口能力，同时，也只有"鼓励原创作品在共同人性内容方面的创作和创新"[45]，才能满足中国文化产品走向外部市场，赢得更广泛认可的需要。

（3）逐步转变政府的文化角色，减少政府对企业的干预，同时加大文化基础设施建设的投入，加快公共文化服务体系的发展，不断提升政府为公众、为企业服务的效率与水平。

党的十七大以来，党中央、国务院对文化建设高度重视，各级政府不断加大文化投入，全国文化建设资金呈逐年持续增长的喜人态势。据统计，2007～2020 年，全国文化和旅游事业费（不含基本建设投资和文化管理部门行政运行经费）从198.96 亿元升至 1 088.26 亿元，增长了 4.5 倍[46]。

在此过程中，政府公共服务的作用领域日益集中，作用效益日益凸显。从目前情况看，政府公共文化服务主要在以下几方面发挥作用。

第一，逐步实现让群众共享文化成果。近年来，在全国公共文化服务体系建设中，一大批重大的文化惠民工程相继实施，在建设和完善中国公共文化服务体系中发挥着越来越重要的作用，使各地基层群众能够更加便捷、充分、丰富地享受优秀传统文化和当代先进文化的成果。

第二，把文化服务送到群众身边。在全国公共文化服务体系建设中，一大批公共文化服务设施加快建设，成效显著。2010 年 3 月，中央提出了"推进美术馆、图书馆、文化馆、博物馆免费开放，丰富人民群众的精神文化生活"的指示①，文化部（现文化和旅游部）积极响应，迅速组织人员进行深入调研，制定了推进免费开放工作的实施方案。

迄今为止，中国特色社会主义文化发展一直坚持"以人为本"，坚持公益优先，始终把社会效益放在首位，以财政投入为主体，文化为民、文化惠民，已基本建立覆盖城乡的公共文化服务体系框架，初步解决了广大群众特别是农村群众看书难、看电影难、收听收看广播和电视难等基本文化权益问题。同时，基本形成了资源丰富、技术先进、服务便捷、覆盖城乡的数字文化服务体系，实现了"村村通"的建设目标，在构建社会主义和谐社会、保障基层群众的基本文化权益等方面发挥了重要作用，有力地推动了公共文化服务体系建设。

---

① 温家宝. 政府工作报告——2010 年 3 月 5 日在第十一届全国人民代表大会第三次会议上. http://www.gov.cn/2010lh/content_1555767.htm，2010-03-15.

第四章　云南文化发展的条件与特色

　　云南文化指的是在云南地理空间内发展的中国文化。它是中国文化的一部分，既有中国文化的普遍性，又因为在云南地域范围内传承与发展而体现出一定的特殊性。云南文化的主体是占云南人口大多数的汉族和人口虽少但各有自己文化特色的少数民族。因此，云南文化既包括汉族文化，也包括各少数民族文化。

　　云南文化的发展，是生活在云南这一地理空间内的汉族文化与少数民族文化的共同发展，即在省域范围内由外生条件和内生条件共同促成的文化变迁，它既包括中国文化发展成果在云南这片土地上的展示和作用发挥，也包括云南各族人民在改革开放几十年间，以及在全球化背景下，在中国文化发展的框架下，促进自己本土文化变革发展的过程及发展的成果，尤其云南文化发展是与云南经济社会发展相生相伴的，云南文化发展的最终目的是要推动云南经济社会的全面和谐发展和云南各族人民的文化权利落实。

　　云南文化发展由于基础薄弱，加之历史积淀形成的乡土性、原生性，发展的路径具有特殊性：不能置身市场化发展的序列之外，因为这既是文化全球化发展的要求，也是中国文化发展的趋势。同时，其显现出对公共文化服务更多的依赖与需求。

第一节　云南文化历史发展的社会、经济条件

　　云南地处祖国西南边陲，西部与缅甸相邻，南部和东南部分别与老挝、越南接壤，东部与我国广西、贵州毗邻，北部和西北部分别与我国四川、西藏为邻。云南边境线长 4 060 千米，有 8 个边境州（市）、25 个边境县。特殊的地理位置和地形地貌，影响着人口与民族的分布，也制约着文化发展的社会、经济条件。

一、复杂的地形地貌与民族分布

　　云南属青藏高原的南延部分，地势西北高东南低，海拔高低悬殊。发源于青藏高原的独龙江、怒江、澜沧江和金沙江，自北向南沿横断山脉流淌，形成山岭与峡谷相切、水流湍急且落差大的纵谷区；滇中与滇东高原，丘陵山地起伏，发育了各种类型的岩溶地形和元江、南盘江两大水系。南部和西南部地势趋缓，海

拔降低，河谷逐渐开阔，兼有北回归线穿过，气候温暖，成为云南省内的热带和亚热带地区。

总的来说，高原山地起伏，峡谷高山相间，断陷盆地错落，江河纵横交错，湖泊星罗棋布，构成了云南复杂多变的地形地貌特征，形成了多种不同的生态环境与气候类型。加上云南地处低纬度，大部分地区冬无严寒，夏无酷暑，雨热同季，温暖湿润，养育了种类繁多的动植物资源，因而十分适合人类的生息繁衍。

远在旧石器时代，云南境内就有元谋人、昭通人、西畴人、丽江人和昆明人生活繁衍着。到了新石器时代，随着迁徙流动进入云南的民族群体不断增多，并与当地居民融合，成为当今多民族群体分布杂居的先人。他们或依山而居，狩猎渔牧；或傍水而息，农耕劳作。经过长期的历史变迁，生活在不同的地理、地形环境和生存条件下的先人，逐步形成了不同的生产和生活方式，孕育出具有不同语言、文字及文化、生活习俗的民族或族群。

第七次全国人口普查数据显示，云南省总人口 4 720.9 万人，其中汉族人口 3 157.3 万人，占总人口的 66.88%；少数民族人口 1 563.6 万人，占总人口的 33.12%，少数民族占比与第六次全国人口普查时的 33.39%基本持平。在云南省少数民族中，人口在百万人以上的少数民族有 6 个，分别是彝族、哈尼族、白族、傣族、苗族、壮族，占云南少数民族总人口的 76.94%。其中彝族人口最多，占少数民族人口的 32.43%，哈尼族占 10.44%，白族占 10.26%，傣族占 8.05%，苗族占 8.02%，壮族占 7.74%[①]。彝族、白族、傣族、哈尼族、傈僳族、佤族、拉祜族、纳西族、景颇族、布朗族、德昂族、阿昌族、怒族、基诺族、独龙族 15 个民族的全部或者大部分居住在云南，且他们的先民在先秦时期就已经生活繁衍在今天的云南地区。自汉代始，汉族进入云南，且数量持续增长。蒙古族、藏族、普米族、回族、苗族、瑶族等民族是 8 世纪以后陆续从我国其他地区迁入的，高山族、东乡族、俄罗斯族、鄂伦春族等则是在中华人民共和国成立以后到云南的[47]。

受地形地貌的制约，云南的民族分布呈现"大杂居、小聚居"的特点。一方面，云南没有一个居住单一民族的县（市），也没有一个民族只居住在一个县（市）的情况；另一方面，云南有 8 个民族自治州、29 个民族自治县，集聚着较多的少数民族居民，其中，有的村庄只居住着一个民族的居民。从区域分布看，除汉族分布较广外，少数民族分布在边疆和山区居多。其中，傣族、壮族主要居住在河谷地区，回族、满族、白族、纳西族、布依族等聚居在坝区为多，彝族、哈尼族、拉祜族、佤族、景颇族、基诺族等居住在半山区或低山区，苗族、傈僳族、怒族、独龙族、藏族、普米族等主要居住在高寒山区。此外，还有 16 个民族分别跨中越、中老、中缅边境而居。

---

① 人口及民族. https://www.yn.gov.cn/yngk/gk/201904/t20190403_96251.html，2022-11-02.

二、不同区域、民族的文化变迁

云南各民族文化的发展变迁有其一致性，但是由于地理环境、历史文化传统和社会经济发展等方面的差异性，各区域、各民族文化的发展变迁又呈现出不同的状况[48]。大体而言，可分为以下四种类型。

1. 居住在城镇或坝区，自然环境优渥，交通相对便利的民族

这些民族受中原文化的影响较大，自古就形成外出学习、经商等易于对外交流的习惯，文化和民族性格也趋于开放，历经几个世纪的发展，积累了丰厚的文化基础，同时不断从与其他民族的交流中获得有助于自身发展的知识，有较发达的农业和手工业，商业有一定发展。例如，汉族、白族、回族、蒙古族、满族、纳西族、壮族、布依族等民族和一部分彝族群众，他们较快地对西方文化结构进行了调整改造，使本民族的社会经济文化教育发生了具有近代化性质的转移，也使得他们既保持本民族传统文化的精华，又较多接受汉文化和其他民族的文化，反哺本民族的发展，无论是经济发展还是文化融合都走在其他民族前面。这些民族居住地区广泛，人口众多，经济较为发达，因而这种模式在云南民族文化的近代转型变迁中居主导地位。

2. 地处山区、半山区，自然条件相对较差，交通闭塞的民族

地理区域的劣势导致这些民族距离中心城市和主要市场都较为偏远，与汉族和其他民族的交流相对困难，较少有机会接触西方文化，形成封闭、半封闭的社会文化和经济发展态势，区域经济市场化程度低，因而其文化发展极其缓慢，文化的转型变迁在中华人民共和国成立以后才开始。当地群众主要以农业为生计，生产效益相对较低，如独龙族、基诺族、部分彝族群众等。

3. 居住在边疆地区的民族

这些民族整体表现出稳定的性格和民族思想，虽然受到了西方文化的冲击，但民族宗教文化传统并未发生解体，有着本民族结构较为完备和稳定的宗教体系，如藏族、傣族、德昂族、布朗族、阿昌族等民族，文化变迁较为缓慢。其中，傣族居住于边境坝区，这里气候温暖、雨水丰沛，交通比较便利，虽然距离中心城市较远，但边境另一边的现代发展与交流为他们提供了学习的平台和交易的市场，拓展了区域经济的发展边界，提高了传统农业的经济效益，并在历史实践活动中创造和积累了丰富的文化成果且自成一格，有自己的语言文字和丰富多彩的文化，

有典型的民居、宗教建筑和生产工具及生活用品，民众大多信仰佛教，较容易接受外来文化。

4. 居住在交通不便而又处于入滇门户山区的民族

这些地区社会经济发展水平较低，传统文化积淀较浅，未形成本民族较稳固和系统完备的宗教文化体系，如傈僳族、怒族、景颇族、拉祜族、佤族、哈尼族、苗族等民族和一部分彝族。其中，有的民族因长期受封建统治阶级的残酷剥削和压迫，被驱散或者被赶到深山老林，为了保护自己、防止被外族同化，对外来文化持怀疑态度，客观上形成了比较封闭的民族心理，其传统文化积累较浅，经济社会发展明显处于后进状态；有的民族则受境外传入的西方基督教文化的影响较深，虽然保留着本民族的语言、服饰、生产和生活方式与风俗习惯，甚至还保留了部分原始宗教信仰，但已逐渐改变为以基督教信仰为主，从而使这些民族的文化较快地发生了转型。在西方传教士的帮助下，一些民族开始有了自己的文字，如苗文、傈僳文、佤文、景颇文、拉祜文等。西方式的文化教育和医疗卫生事业也开始兴办起来。基督教宣传的卫生、洗浴、勤俭节约、戒酒、一夫一妻制、不收彩礼等观念被一些民族接受，杀牲祭鬼等风俗习惯发生了改变。基督教在这些民族中的传播，既有西方文化渗透、瓦解民族原有文化结构的一面，也有促进民族文化重构、转型，走向近代文明进步的一面。这些民族大都是"直过民族"，其发展过程中基本处于封闭的自给状态，缺乏对市场的基本认知，更缺乏基于教育的文化可行能力，导致其无论是经济还是社会文化都长期处于滞后发展态势，甚至与现代化进程脱节，阻碍他们利用现代市场经济的发展机会提升自我发展能力，实现跨越式发展。

总体来说，云南在相当长的历史时段内，处于相对封闭的发展环境中。地处边疆，高山峡谷相间，民族众多、相杂而居，以及因对外交往不便、商品经济发展不足而形成的以农耕渔猎为主导的自然经济结构，构成了云南文化发展的基本的社会经济条件。处于不同区域环境中的不同民族，在有限的外部交往中，独立地发展着自己的文化，由此形成了云南文化多元共处、百花齐放的绚丽图景。

第二节　云南文化的历史特色

复杂多变的地形地貌，适合生存的生态环境和气候类型，以及种类繁多的动植物资源，养育着云南众多的民族和人口。他们在长期的历史发展过程中，相杂而居，和谐相处，依赖自然给予的资源，从事农耕渔猎生活，历经世代繁衍，在相对封闭的环境中，孕育出颇具特色的民族传统文化。

一、文化的多样性

民族众多，各民族虽有交流，但交流有限，大多保留本民族的语言、习俗、生产文化、生活习惯和宗教信仰，从而构造了云南文化总体的多样性，为云南文化的历史发展提供了丰富多样的民族文化资源。

云南是全国民族最多的省份，不同的民族，形成和发展的历史各异，人口也有多有少，经过长期的分化、融合，最终形成了各自独立的民族群体，形成了有别于其他民族的语言、习俗、服饰、宗教、建筑和居住模式。有的民族内部还进一步分化，形成不同的支系，如彝族，其不同支系不仅居住区域相距甚远，服饰、语言也有较大差异。更为独特的是，各具特色的民族文化所处的发展阶段也各不相同，这就使得云南文化保留了许多在近现代社会发展中已经并不多见的人类文化遗存，也因此被称为"人类文化的博物馆"[48]。此外，无论是文学艺术，还是音乐、舞蹈、乐器，每个民族都有自己的创造与传承。

二、文化的乡土性

以农耕为主导的生产结构，以及人们对自然山水的依赖与崇拜，造就了尊重自然、爱护自然、与自然和谐相处的淳朴乡土风情。"乡土性"，按照费孝通先生的观点，就是与土地关系密切，人口流动性小，社会开放程度低。"不流动是从人和空间的关系上说的，从人和人在空间排列关系上说就是孤立和隔膜。孤立和隔膜并不是以个人为单位的，而是以住在一处的集团为单位的。"[49]因而，云南文化的乡土性不像多样性那样外显，却是云南文化最为内在的一个特征。它使得整个云南社会在改革开放之前处于发育程度不高，封闭性很强，社会分化程度不高，异文化难以进入的局面。

云南民族的乡土性之"土"，是原生态或接近原生形态的"土"。他们与"土"的关系十分密切，且技术成分更少，自然成分更多[48]。但这种原生态的"土"并没有使得大量的各族群众黏着在一个区域或者一块土地之上，为了寻求适宜的生存空间，他们不怕山高路远，不惧谷深水急，朝着他们心中的"伊甸园"不断迁徙，因此，也铸就了他们勇敢、自由、随遇而安的性格。但也恰恰是这种不断与自然相互适应的过程，使云南各族群众在生产和生活中形成一种更加平等的、整体性多过个体性的社会关系，因此，尽管多年来各族群众杂居、聚居状态相互交织，但总体上和睦、安宁。在这种未高度分化的社会中，所有云南文化的文化意义和价值无不是与全民族社会的生产和生活息息相关的，是直接反映或服务于全民族社会的生产和生活的。无论是神话、传说还是礼仪、祭祀等都是直接由本民族的人直接从生产和生活中创造出来，又代代相传并以此指导和规范全体成员生产和生活实践的。尽管其中许多文化主体并没有创造出文字，只靠口耳相传的方式就把这种凝聚整个群体的文化传承至今，但在潜移默化中也形成了各个文化族群自己的文化传统，并以此与其他族群相区分开来。

当然，没有能够创造自己的文字也说明，文化主体在未能分化出文化精英的前提下，在没有外来文化交流、相对封闭的发展过程中，在生产力低下，没有形成商品经济可以交换来提高生产能力、提高生活品质的情况下，是难以创造出书写文化这种高雅文化的。傈僳等民族在与西方传教士和汉族广泛交流后才创造了自己的文字就正好说明了这一点，由此也说明，封闭对于乡土性较浓重文化的发展显然是极为不利的。

三、文化的和容性[48]

民族杂居在一起，相互尊重、相互扶持，形成了崇尚团结的价值取向，形成了尊重异族文化、与他人和谐相处的平和民风。各民族文化既保持自己的独特性，又有与其他民族相处的亲和性；不仅与人亲和，而且与自然亲和。这是云南传统文化的一个突出特点。

云南文化总体呈现出的包容性是和容性的一个重要方面。在长期迁徙往来的互动中，无论是个体还是群体，对于外来者、外来文化都以一种习以为常的心态来对待，而"大杂居、小聚居"的居住模式也为相互学习、取长补短创造了条件。这些都说明，云南文化总的说来具有极强的包容性，正是这种包容性使得云南文化发展中无论是汉文化还是少数民族文化都在学习和改造他族文化为己所用的同时，不断丰富自己的文化，促进自己文化的发展，同时也形成了"和而不同"的多元文化共存局面。

亲和性是云南文化和容性的另一个重要方面。云南文化总体是以一种亲和的、尊重的态度对待不同文化的，而不是对外来文化和他族文化采取敌视、拒斥甚至灭之而后快的态度。既能"各美其美"，又能"美人之美"，最终实现"美美与共"。因而，在以云南文化为基础的民族性格中体现出"崇尚团结，热情好客"[48]的外显特征。也正是性格特征，形成了各民族"你中有我、我中有你""大杂居、小聚居"的格局。此外，云南文化的亲和性不仅是对人的亲和性，对自然也表现出高度的亲和性。因此，几乎所有民族的传统中都对自然有着天然的亲近。

和容性保证了千百年来云南各族人民能在同一块土地上和谐共处，也保证了云南文化在发展过程中一直具有显著的多样性，更保证了这么多年，云南人民得到了大自然更多的友好回馈。

四、文化的原生性与滞后性

改革开放前，由于云南地处边疆，交通、通信不便，客观上减弱了主流文化和境外文化的影响，以至本地民族文化的原生性得到长久的保留，维持了本地民族文化的独立性。另外，云南长期处于主流文化的边缘，也造成了云南文化的相对滞后性。由此而形成的谦恭、和顺品格又使本地文化具备了包容性特征，不会盲目地排斥外来文化。

云南远离主流文化的核心区域，交通相对闭塞，信息传递较为不便，致使云南文化能够在千百年的发展中，在边疆地区的特殊环境里，少有主流文化的干扰和影响，因而保留了云南文化的原生性。即便中央政府对云南一直实施管辖，但文化信息传播到云南时，会有明显的时滞。加上各民族在云南边疆形成较强的整体性，本土文化也具有相当的"同化力"[48]，保证了云南文化充分的"独立性"[48]，成为云南文化呈现多样性和独特性的重要前提条件和基础。当然，这种原生性、"独立性"也造成云南文化在现代化发展中的"慢半拍"[48]效应，即中原文化中已经过时的文化，在云南往往才慢慢兴起，形成明显的文化"时滞"，但是中原地区早已经消失的文化现象在云南却可以保存完好。当然，这就使得一部分云南群众的秉性里面充满了"安于现状"的想法，而这种想法导致云南群众对故土特别依赖，对自己的群体特别依赖。

这些在云南文化发展的历史进程中逐步形成和积淀下来的特色，使得云南文化成为中国文化版图中最具多样性、独特性、原生性的一个板块。这个板块在中国文化的现代化发展中，在全球化和地方化共存的时代，又以自己的乡土性、亲和性对外部市场散发出特有的吸引力，形成了改革开放后云南文化发展的有利基础。同时，这四大文化特色，也是云南文化长期发展留给当代的宝贵遗传，其内含的尊重自然、尊重他人和其他民族的自然观、社会观，具有十分重要的社会价值，对于当今的经济市场化、全球化而言，也不失深刻的理论启迪。正因为如此，云南文化的魅力才会在市场化改革的今天大放异彩，成为吸引域外人士和人群前来参观、考察、学习的亮点。

第三节　云南文化发展环境的变化及带来的新问题

改革开放后，云南的地理区位、资源条件没有变化，自然环境和民族众多且相互杂居的状况也没有发生多大变化，但社会经济条件却发生了较大变化。交通、通信条件改善了，对外交往方便了，市场经济开始发展起来，商品贸易、人员流动、文化和信息交流比以往任何时候都频繁得多。过去那些形成云南文化传统特色的条件，如环境的封闭性、经济的自给性、族群人口的稳定性，都被一一打破，转而迎来国内市场经济不断发展、对外开放持续深化的全新环境。

面对发展环境的变化和新挑战的降临，云南过去基于封闭条件形成的经济文化发展方式的不适应性，以及由此方式造就的经济文化结构的软肋开始暴露出来。

1. 民族文化实力不强，自生能力弱

云南的民族文化资源虽然丰富多样，但每一个民族文化的发展规模、产业规模和市场规模都比较小，层次不高，实力较弱，在市场经济和文化竞争中缺乏足够的自生能力和扩展能力，在面对外来文化的冲击时，常常处于劣势。代表云南民族文化精髓的纯朴的自然观、社会观和人生价值观，在遭受市场经济及其所携带的消极的文化观念的冲击下，岌岌可危。

2. 商品经济发展不足，经济转型缓慢，制约文化发展的能力

长期自给自足的自然经济生产方式，令云南的工业化进程缓慢，历史欠账颇多，经济欠发达的山区、村庄的面积很大。虽然已经全面实现脱贫攻坚目标，但由于云南经济总体实力不强，以至政府财力薄弱，文化企业规模偏小，原创能力较弱，相当程度制约着云南文化发展的能力。

政府财力薄弱，延缓了云南交通、通信、江河治理、环境治理等基础设施的投入与建设，也牵制了文化、教育等基础设施的投入与建设。

本地企业（包括经济企业和文化企业）大多规模偏小，力量单薄，缺乏创新发展能力，最终导致竞争力低，在市场竞争中很难稳固立足，更难以成长为本地经济、文化发展的主力军。

民众收入水平普遍不高，维持生计的支出占去了收入的大半，能投入教育、文化发展与消费的资金和资源不足，制约了需求，也影响了供给。此外，由于许多人缺少市场经济的实践，在面对庸俗商品文化的侵袭时，缺乏必要的鉴别力和抵御力。当然，后者随着市场经济的发展会逐步得到矫正。

3. 生态环境脆弱，容易引发社群内外的冲突

自然经济时代的生态平衡和社会平衡，是一种脆弱的平衡。市场经济的兴起和商品生产规模的扩大，很快就打破了这种平衡。资源枯竭、环境恶化、生态失衡，不仅破坏了各民族共同生活的基础，而且打破了以往杂居民族之间、村寨之间和民众之间形成的和谐，引致摩擦、冲突的增加，进而危及云南文化中亲和自然、亲和他人的珍贵传统。

4. 地处边疆，易受境外经济文化的冲击

云南传统文化中原生性与乡土性的形成，曾受益于地处边疆，较少受到主流文化和西方文化的干扰。改革开放改变了这一条件，令云南处于开放的前沿。但现时缅甸、老挝、越南三国政治、经济和社会、文化的发展状况都比较复杂，西方国家的文化、经济纷纷渗入这些国家，造成各种文化、经济因素相互较量、相互竞争的情形，也带来三国边境地区的社会不稳定。如何兴利除弊，在扩大开放的同时全面应对境外文化的冲击，也是云南文化发展面对的一个重大问题。

面对直奔而来的经济市场化与全球化冲击，实施经济发展方式和文化发展方式的转变，力争在保持云南文化优良传统的同时，实现云南文化的创新与发展，是云南文化发展的必然选择。

事实上，改革开放以来，云南在发展市场经济、深化文化体制改革、转变文化发展方式上，已经做了许多探索，取得了不少成绩，当然也存在一些问题。这些留待后文再述。

第五章 云南文化发展的市场化变革——概述

改革开放以来，云南同全国其他省区市一样，在大力推进经济体制改革、积极发展市场经济的同时，努力推进文化体制的改革，促进文化发展方式的转变，取得了不少成绩，当然也存在一些问题。本章将对这一进程做总括式的回顾，描述变革的过程、取得的成效，分析存在的问题，并对今后的进一步改革做一些思考。

第一节 变 革 过 程

一、文化消费的解禁与大众文化消费的兴起

改革开放给国内文化发展带来的第一大成果，是文化消费的解禁与大众文化消费需求的释放，形成了一波接一波的文化消费热潮。这是文化市场化改革的开端。

20 世纪 80 年代初我国港澳台地区影视作品与流行音乐的引入和随后国外电影、文学、艺术等作品的引进，形成第一波大众文化消费需求的释放。许多昆明人对 1988 年云南电视台与昆明电视台（当时云南省最好、最大的两家电视台）同时在各自黄金时段播出香港地区电视连续剧《上海滩》和《射雕英雄传》的情景仍历历在目。由于播出时段冲突，大家不能兼顾，有的观众还向电视台提意见，但电视台被文化消费市场的初期发育激发起的竞争意识，促使电视台产生了计划经济时代根本不会有的对消费市场的抢夺，因为谁占有更多的消费市场份额，谁就可能赢得更多的广告收益。因此，电视台之间目的明确的竞争由此拉开了序幕，并在之后很长的一段时间里延续，而播放时段的选择，显然是那个时代最易操作也最具时效性的竞争手段。文化传媒的竞争促使它们不断从产品角度去思考如何提高品质，广大消费者也由此受益，越来越多样化的消费需求呈现出规模增长的势头，对文化供给端产生了巨大的刺激。

20 世纪 80 年代末 90 年代初，各种大众娱乐场所，如酒吧、卡拉 OK 歌厅、舞厅等在城乡各地像雨后春笋般地冒了出来，同传统的电影院、文化剧院、文化宫等设施一起，为大众提供文化消费服务。于是，大众文化消费进入自娱自乐阶段。在云南省会城市昆明，政府在市中心东风广场上投资建起了 15 层的工人文化

宫，那是 20 世纪 80 年代末到 90 年代初云南最高的建筑，也成为昆明的地标。15 层的工人文化宫成为昆明及周边地区市民文化娱乐消费的主要场所，而其内部功能分区的灵活性与多样性，也使得它不仅能够提供公共娱乐、消费、教育、培训等产品和服务，还开创了公共文化设施以收费方式向外界出租的先河，并由其当时的主管行政单位昆明市文化局（现昆明市文化和旅游局）对入驻的项目内容和经营者资格进行审批和管理，保证经营项目满足大众健康、向上的文化消费与娱乐需求。同时，城乡大众娱乐项目在滇中地区、滇西南地区逐步兴起。滇中地区距离文化中心昆明相对较近，公路、铁路交通便利，加之滇中地区历史上一直是中原文化影响最为集中的区域，是云南农业较为发达的地区，当地居民的收入较高，因此，大众文化消费在滇中地区也呈现比较强劲的发展势头。街头卡拉 OK、录像放映厅、台球厅、歌舞厅在楚雄、曲靖和玉溪成为广受市民喜爱的文化娱乐场所。滇西南地区的西双版纳州府所在地景洪与德宏州口岸城市瑞丽，由于毗邻边境，加之主体民族傣族崇尚自由、开放，新兴的文化消费与娱乐项目很快在广大居民中普及，录像厅、歌舞厅、台球室等比比皆是，甚至当时许多到西双版纳出差的外地人都认为景洪更有现代都市味道。但也恰是云南毗邻边境，加上特殊而优越的自然条件使得农业生产较其他区域耗费更低，人们劳动之余的闲暇时间难以被单调的娱乐项目满足，因此，由边境另一端涌入了许多娱乐项目，在边境地区广泛流传，甚至传入每个村寨，在一定程度上满足了边境人民的娱乐需求。但其中一些不健康的娱乐项目，如赌博，也对边境地区的淳朴民风造成不利影响，甚至危及社会安定。

21 世纪以来，随着居民可自由支配收入的增加和闲暇时间的增多，人们追求文化与精神消费的品位大幅提升，休闲旅游、健康旅游、文化旅游及跨国旅游等，成为大众文化消费的新方式、新时尚。大众文化消费需求进入了新阶段。需求的这一转换推动了旅游产业在云南的大发展。来自云南省文化和旅游厅的数据显示，"十三五"期间，截至 2019 年底，云南接待海内外游客数从 2015 年的 3.30 亿人次增加到 2019 年的 8.07 亿人次；文旅总收入由 4 181.79 亿元增加到 12 291.69 亿元，分别年均增长 25.1% 和 30.9%。2019 年云南的旅游总收入、旅游总人数在全国的排名分别为第 6 位和第 9 位。文旅产业增加值由 1 288.31 亿元增加到 3 430.97 亿元，年均增长 27.7%，完成"十三五"规划目标的 107.22%，占云南第三产业增加值的 28.1%，占云南地区生产总值的 14.8%，基本实现了"十三五"规划占比 15.0%的目标。其中，旅游产业增加值为 2 758.80 亿元，文化产业增加值为 672.17 亿元，分别完成了"十三五"规划目标的 110.35% 和 96.02%[50]。云南旅游业的发展基于云南良好的区位优势和气候条件，更基于云南深厚的历史文化和多样的民族文化资源，符合那个发展阶段大众消费的品位和偏好。随着大众文化消费、休闲消费品位的不断提升，云南旅游产业也面临着越来越大的创新和变革发展压力。

一波又一波大众文化消费浪潮的兴起，既引发了消费文化供给方的变革，又促进了文化消费市场的形成。

二、民间文化企业的兴起与国有文化单位的初步改革

文化消费需求的释放，最先让原来生存于国有文化事业管理体制之外的民间文化企业和个体商户捕捉到商机。他们迅速行动起来，针对不同人群、不同地域的文化消费需求，提供不同的文化消费服务。酒吧、卡拉 OK 歌厅、舞厅等娱乐场所最初就是由他们兴办起来的。随后，他们还利用各种渠道和资源，办起了文化补习班、音乐舞蹈艺术培训班等，大举进入文化消费与文化培训市场，更有一些企业闯入了过去少人问津的文化创意与文化策划市场。民营资本与社会资本的大举进入，不仅增加了文化消费市场的供给能力，丰富了文化产品的供给层次，构成了对国有文化事业单位的竞争，有效地刺激了"体制内"的人和组织，同时也用产品消费的方式培育起更多更成熟的消费群体，形成越来越具规模和突出品位偏好的文化消费市场。

与文化消费直接相关的国有文化事业单位也开始行动起来，突破了原有体制的束缚，最初通过出租场所或默认演员个人业余"下海""跑场"的方式，支持大众文化娱乐场所的经营，如昆明市工人文化宫外租场地，供各种文化培训、展览和娱乐项目经营者使用；原云南省歌舞团（现云南省歌舞剧院）外租服装、道具，并成立孔雀窝服装道具专营店，一直到现在都是云南服装、道具生产、销售和出租业务的品牌型企业；原云南省滇剧团（现云南省滇剧院）外借演员拍摄电视剧，同时利用自己位居昆明市中心东寺街的地理优势，将临街铺面出租等。后来，这些国有文化事业单位又通过自办体制外的文化企业、娱乐场所，增加文化娱乐产品的供给，不仅回应了大众文化消费需求的上升，也改善了自己的收入状况。例如，原昆明市文化局投资改造位于市中心传统商圈的南屏电影院，以此为核心成立国有文化传播公司，影院的设备全从国外进口，第一次让昆明人看上环绕立体声和需要戴眼镜观看的立体电影。由于南屏电影院是文化行政管理部门的直属企业，对电影供给源享有天然垄断的特权，其凭借先进的设备和丰富的产品成为云南当时上座率最高的影院和时尚文化消费的代表性场所。很多地州的人来到昆明都要去南屏电影院观影。1998 年，当影片《泰坦尼克号》在南屏电影院上映时，为满足潮水般涌向影院的观众需求，影院在近两周的时间里 24 小时连续放映，而且整个影院仅开设《泰坦尼克号》专场，就这样还是不能完全满足需求，"一票难求"的局面持续了很长时间。

此外，国有传媒尤其是电视台响应原国家广播电视部（现国家广播电视总局）大力发展有线电视的号召，纷纷成立有线电视台，虽然没有改制，但因有线电视

发射功率小，影响范围窄，甚至很多有线电视台只是区级单位，覆盖范围不到城市的四分之一（如昆明市五华区、盘龙区、西山区和官渡区四个主城区），因此国家对其监管相对宽松，在播出内容上有了更多的自主权，一时间大众的电视消费内容空前丰富，来自欧美的各种影视剧和娱乐节目、音乐节目充斥在各家有线电视节目中，就连各地州也抓紧机遇兴办有线电视台，十个左右的编制就可以成立一个有线电视台，每天保证至少播出 5 小时。

当时的改革只是在国家计划体制内的放权改革，还谈不上改制。因为大部分文化企业依然是全额拨款的事业单位，人是"体制人"，企业是"体制企业"，旧体制的弊端仍在延展。如在前述有线电视台的兴办热潮中，有些地方为了尽早在文化市场中"圈地"赚钱，不顾市场规模，不考虑长远发展，投资设备组建人员，"多干快上"。一方面市场潜在容量有限，另一方面产品供给市场还没有完全发育成熟，因而，各有线电视台只能在狭小的市场范围内形成影响力，且越到发展后期，凭节目品质赢得观众的趋势日益明显。小型电视台人员素质参差不齐，基本没有自创节目，只靠买来的几套节目难以支撑大局，不到几年，部分地州有线电视台就偃旗息鼓了，造成大量资源浪费和人员冗余，而很多急需政府公共文化投入的环节，如基础教育和农村公共文化基础设施建设等却投入不充分。

20 世纪 90 年代初，中国确立了社会主义市场经济体制的改革目标后，国有文化事业单位的改革有了明确的方向。与大众文化消费直接相关的国有文化事业单位将被改制为企业，实行独立核算、自主经营、自负盈亏。

云南第一批改制单位包括国有传媒和国有艺术院团。国有传媒由于自身营利能力较强，改制对其影响不是利空而是利好。财权、人事权下放，使改制单位在市场经营和内部管理上有了更大的灵活性，适应市场变化的能力也有了较大提升。例如，昆明电视台在改制后，摒弃了事业单位的用工方式，改以聘用为主的劳动雇佣方式，大大减轻了负担；在内部经营管理上，实行频道自负盈亏、自我管理和自组织产品内容的方式，不仅较好地控制了节目制作成本，而且提升了制作质量，增加了面对观众的产品种类与数量。在此后的十多年里，昆明电视台一直走在云南媒体创新的前沿，生产出一批广大人民群众喜爱的名牌栏目，探索出一个市场化环境下电视传媒生存发展的较好模式。

一般国有艺术院团和非时政类报纸通过改革，转制为经营性文化单位。例如，重复设置的院团通过资源整合，建立了演艺集团公司；云南日报报业集团和云南出版集团所属的非时政类报刊与州（市）报刊进行战略合作、资源整合，组建了大型报业集团。党报发行体系改组为社会化发行公司，云南各级电台、电视台合并组建了云南广播电视台、云南广电传媒集团有限公司。新闻网站也转企改制，如昆明就作为试点推进了三网融合。同时，创新文化管理体制；推进政企分开、政事分开、政资分开、政府与市场中介组织分开和管办分离，推动文化行政管理部门切实履行好政策调节、市场监管、社会管理、公共服务等职能；完善国有文化资产管理体制，确保国有文化资产保值增值；深化文化市场综合行政执法改革，推动州（市）、县（市、区）完善综合文化行政责任主体；探索建立适应三网融合业务发展的宏观管理体制和工作机制；严格执行文化资本、文化企业、文化产品市场准入和退出政策，综合运用法律、行政、经济、科技等手段提高管理效能。

三、文化生产消费市场的形成与文化中介的出现

大众文化消费的高潮迭起与文化供给方的改革，促进了云南文化生产与消费市场的形成。

2012 年，云南文化产业增加值达到 635 亿元，占地区生产总值的 6.1%[51]。文化产业已逐步发展成为云南的新兴支柱产业。"四大品牌"（香格里拉、茶马古道、七彩云南、聂耳音乐）、"十大产业"（广播影视、新闻出版、民族演艺、文化旅游、民族民间工艺品、休闲娱乐、会展节庆、珠宝玉石、茶文化、体育）初具规模，文化市场主体开始释放活力，文化产业集群不断形成并保持强劲的发展势头，逐步形成了一批具有民族特色的文化产业板块。以民族民间工艺品产业为例，云南的生产销售企业发展到 7 000 多家，涌现出建水紫陶、鹤庆银器、会泽斑铜、永仁石砚、个旧锡器、大理石器等工艺品牌，建成了鹤庆新华银器村、腾冲荷花玉雕村、石林阿着底刺绣村、剑川狮河木雕村、大理周城扎染村和云南民族民间工艺品交易市场等一大批专业市场，年销售额超过 80 亿元①。在民族演艺产业方面，《云南映象》自 2003 年正式公演到 2022 年，在国内外演出超过 7 000 多场次②；《印象·丽江》自 2006 年进入市场以来，至 2012 年已实现收入近 4 亿元③。许多民族演艺产品还打入了国际市场，获得了极高的市场评价。

文化供需两端的发育，以及供给和需求的经常性不对称激发了对文化中介的需求。

1. 文化传播公司的出现

一大批有识之士开始从事文化传播业务，也有一部分社会资本和民营资本开

---

① 云南省多举措促进民族文化传承发展. https://minzu.yunnan.cn/system/2019/05/28/030287700.shtml，2019-05-28.

② 龙彦，李熙临，赵家琦. 成立 19 年两度遇疫情 杨丽萍含泪宣布《云南映象》演出团队暂时解散. https://yn.yunnan.cn/system/2022/04/29/032057871.shtml，2022-04-29.

③ 秦交锋.剧里剧外看会演——第四届少数民族文艺会演侧记. http://www.gov.cn/govweb/jrzg/2012-06-22/content_2167466.htm，2012-06-22.

始进入中介市场。例如,《云南映象》的组织创作者云南山林文化发展有限公司的创办人原是一位中学外语教师,对文化市场的敏锐洞察促使他在 20 世纪 90 年代初辞职,成立了云南第一批全资文化企业之一——云南山林文化发展有限公司。最初该公司以小广告制作和演艺节目引进为主,在获悉杨丽萍独到的舞蹈艺术和强烈的创作冲动之后,开始策划、运作《云南映象》。《云南映象》耗资巨大,使得该公司几度不堪重负,濒临倒闭,只能节衣缩食,压缩所有能压缩的费用,包括演员的服装、道具甚至食宿。最终他们在政府没有投入的情况下成功了。尽管《云南映象》成为云南文化的名片,但直到 2012 年仍没有固定演出场所,幸运的是它有了云南山林文化发展有限公司这样一个文化中介,保证产品能持续地与市场需求对接,不管多艰难都一直存活下来,而且随着市场美誉度的提高和影响力的扩大,生存境遇越来越好,直到 2022 年该演出团队解散。

2. 广告传媒与代理业务的发展

影视、报纸和杂志等文化产品的市场影响力在文化消费市场发育过程中充分显现,它们成为文化发展中最受市场认可的广告媒介,加之其产品本身具有更新快、表现手法丰富、更易使用新技术等特点,使得广告交易量空前增长。专业媒体无暇也无力应对这样的广告业务,传统经济学中“需求规模刺激分工专业化”的效应再次显现,从而出现了一批专门从事媒体广告代理的中介广告公司。中间渠道的专业化运作模式及它们与更广大市场需求的直接对接,给各大媒体拓展市场需求、创造经济效益提供了平台和服务,成为各大媒体改制后自我发展最主要的收益保障。不过,由于政府监管缺位或制度缺失,在鱼龙混杂的广告中介业务中,也出现过因虚假广告而使消费者利益受损的情况。

四、传统文化价值的发现及文化与旅游产业的融合

改革开放为原来依赖乡土、固守自己群体及文化的云南各民族提供了得以面对前所未有的多文化交流与互动的契机,不仅让人们开始重新审视传统文化和民族文化的价值,也激发了各民族对商品经济的认知。

从 20 世纪 80 年代中期开始,日本、美国、欧洲和东南亚各国的大量游客组成旅游团进入云南,形成了云南旅游产业的第一次发展高峰。这些游客的到来,不仅促进了云南旅游产业从外事接待性事业向市场化经营性的转变,而且让最先参与旅游接待的昆明、大理、西双版纳等地及当地各族群众认识到,我们习以为常的服饰、饮食、节庆和其他许多习俗对异域来客有着如此巨大的吸引力,不仅可以让他们千里迢迢来参观,还可以让他们为参观支付费用,而各文化主体不用离开自己的家,就可以坐享收益。这样的交易模式如果不是改革开放是不可能在

边疆少数民族地区发生的，这样的交易特征也只有在旅游产业的就地出口与资源区位刚性特征保证下才能发生。

人们逐步认识到，传统文化的内在价值，借助旅游产业的发展，进行"可参观性"生产，就能实现向现代大众消费市场商业价值的转化。在增加对外文化交流，为游客提供观赏、学习和消费对象的同时，获得有助于本地经济文化发展与居民生活改善的实际收益。

于是，与文化相融合的旅游产业迅速在云南发展起来。

在云南文化与旅游产业融合过程中被充分利用的优质民族文化资源，不仅为云南旅游产业奠定了升级转型迎合新时代文化旅游消费需求的基础，而且成为铸就云南文化市场化变革发展成果的标志，也极大地促成云南产业融合发展的整体优势。

云南旅游产业特质与民族地区产业发展特点相一致，先国外后国内；旅游产业发展规律与边疆民族地区产业发展阶段相契合，都属于起步阶段，但发展迅速；少数民族地区旅游产业与文化产业的融合是释放民族文化资源价值，通过创新促进其发展的最直接途径。

旅游产业与生俱来的带动效应明显，可形成客流向吸引物流动，完成就地出口贸易，具有投资少、见效快等特点，通过旅游产业带动文化资源的开发，可以为云南文化建设提供最直接的市场途径，并获得最直接的资金支持。同时，也可以通过对外开放的不断推进并加强与南亚、东南亚国家的合作，形成对更大市场的影响与覆盖，大量接待境内外游客，实现边疆地区各少数民族尤其是跨境民族的文化产品出口，扩大云南边境少数民族文化的影响力，对外形成文化辐射，吸引更多资金流、信息流、物流和人流通过边境口岸进入云南和中国其他省区市；对内形成产业融合发展的示范区域。文化资源的富足和厚重，为云南旅游产业的繁荣和文化产业的发展提供了一片肥沃的土壤，也增强了云南塑造新形象的实力。

文化与旅游产业的融合与发展不仅促进了边疆民族地区的经济、社会发展，而且引发了人们思想观念的转变。云南人民对土地的黏着性被削弱，对族群的依赖性被弱化，对市场和商品经济的认识在增加，对云南文化与主流文化的巨大差距也有了越来越清晰的认知。在云南人民的思想深处逐步形成了这样的意识：我们不一定要去追赶时尚，我们也不需要模仿，既然我们的文化对外界有着如此大的吸引力，我们就要保留，就要以大家能接受的方式保留，而且要勇于展示，要把这些有吸引力的文化送出深山，送进城市，送上舞台，通过电视、广播传递到更远的地方。于是，纳西古乐进入了维也纳金色大厅，以展示民族歌舞为主的昆明市红领市艺术团于1988年出访美国，临沧市沧源佤族自治县的司岗里艺术团曾在巴黎引起轰动，《云南映象》更是走遍全世界，成为云南文化最亮丽的一道风景。

文化交流与互动最终让云南人民变得更自信。

五、交通条件的改善促进文化工艺品贸易的扩大

开放带来的不只是交易方式的改变，也让本土各族群众在与外来文化交流的过程中看到了不一样的生活方式，了解了外来文化和外来文化主体。同时，逐步地吸取和学习也使得原来就杂陈不同文化因子的原生云南文化开始发生改变，开始创新和发展。除了像大理白族因特殊的地理区位自古就形成对滇西、滇西北、滇西南、滇中等几大区域辐射，加之茶马古道几乎贯穿全境，形成了世代经商的优良传统和精明的经商理念之外，其他民族基本没有交易的概念，对商品经济的认知极为粗浅，是改革开放后与异域文化的交流和互动的增加才使这些民族的意识观念发生了根本性的改变——除了种田还有其他方式可以谋生，而且可以更轻松、更快地赚钱。于是，他们开始背井离乡，开始学习外乡人可以听得懂的语言，如普通话，开始把外面的商品带到乡村，同时又把家乡的特产带到集镇。

茶马古道最初的交易以盐、茶等基本生活用品为主，由于运输周期长，单次运输量小，加之路途艰险，对供给和需求双方的促进作用极小。中华人民共和国成立以后特别是改革开放以来，基础设施建设的投入不断增加，形成了以陆空为主，以水路为辅的四通八达、纵横交错的内外交通网，连通了云南与国内外的交易通道，大大提升了交易的便捷性、安全性，扩展了交易规模，并以此形成了对供给的充分刺激，形成云南文化产品民间和国有两条供给线并行的情况，为云南与国内外市场的融合和一体化发展铺就了通途。

以鹤庆金属手工艺品为例。过去的茶马古道上虽然有少量鹤庆匠人制作的银铜等手工艺品在流通，但数量极少，对需求市场的刺激和对产地的激励也极为有限，致使云南文化中极具代表性的载体——手工艺品长期处于小规模生产和小规模销售，主要供给附近区域的局面。交通条件的改善，不仅使得鹤庆的手工艺品能大量销往西藏、甘肃，甚至还远销到美国、巴西及欧盟国家，除了其中少量是由游客带走的外，大部分都通过交易通道直达消费市场。现在为了满足市场需求，鹤庆的金属手工艺品以产业化的模式不断发展，不仅把以往家庭式的作坊组织起来，形成了合作社式的生产集体，统一管理、统一销售，还对生产标准、技术质量要求进行统一，使得鹤庆的金属手工艺品以一个整体形象形成对市场的影响，从而扩大了市场影响力，提升了品牌知名度，完全进入一种市场化的发展序列。

再来看剑川木雕，其并不比传统上国内公认的浙江木雕差，且因为文化的乡土性和原生性，其木雕形象和内涵还更具边疆民族地区的特色和韵味。但过去由于信息不畅和交通闭塞，剑川木雕只能在云南省内的狭小区域内销售。现在便捷的交通不仅使得剑川木雕产品远销东南亚及欧美各国，成为剑川创汇的主要产品品类，更有成批的剑川木雕艺人进入西藏、四川，直接以木雕技艺与市场需求对

接，形成对整个西南古建筑修复及仿古建筑的市场垄断，极大地激励了剑川木雕技艺的传承和发展。

还有云南传统的，也是最能体现茶马古道商品运输、交易和发展历史的"记忆符号"普洱茶，在文化与旅游产业的融合发展中体现出极强的市场吸引力，也吸引了各类企业和资本的进入。一时间，云南各主要茶产区的茶树、茶山甚至原始手工艺制作茶饼的茶厂和茶庄都成为各类资本竞相投资的对象，当地各族群众第一次发现，他们认为的在当地不值钱的东西，甚至只是他们日常生活所用的必需品，也可以通过深加工和商业包装，摇身一变成为高档商品和礼品，成为游客最喜爱的云南旅游"伴手礼"。好多荒废的茶山又开始披上新绿，许多农家多年废弃的茶篓、茶桶、茶筛，有着摘茶、选茶绝活的老茶农开始走进城市、走上电视，甚至走进现代都市茶庄，成为文化陈列品和活态文化展示的"道具"。

六、政府推进文化市场化变革的做法与措施

在文化市场化变革的过程中，政府的作用是不可忽视的。在推动文化发展和文化市场化变革的过程中，云南省各级政府做了不少探索。

1. 实施文化立省战略，积极推进文化体制改革，增强云南文化发展的活力

云南是全国率先实施"文化立省"战略的省份之一。早在 1996 年，云南省委、省政府就提出了建设民族文化大省的战略目标。2008 年，云南省又做出了由民族文化大省向民族文化强省迈进的战略决策，并制定出台了《中共云南省委 云南省人民政府关于建设民族文化强省的实施意见》，这有助于统一各级对云南文化发展的认识，突出文化发展在云南经济社会发展进程中的重要作用。近年来，为了实现民族文化大省的建设目标，云南又相继制定出台了《云南省民族民间传统文化保护条例》《云南省历史文化名城名镇名村名街保护条例》《中共云南省委 云南省人民政府关于进一步加强民族工作 促进民族团结 加快少数民族和民族地区科学发展的决定》《云南省人民政府贯彻落实国务院关于进一步繁荣发展少数民族文化事业若干意见的实施意见》《云南省非物质文化遗产保护条例》等一系列政策法规，还制定了《云南省数字图书馆建设项目规划方案》《云南省美术馆 公共图书馆 文化馆（站）免费开放专项资金管理暂行办法》，下发了《关于进一步加强村（社区）文化活动室管理的意见》，《云南省公共文化服务保障条例》也于 2022 年 9 月 1 日起正式施行，有效保证公民基本文化权利的落实。此外，云南还出台了《中共云南省委关于贯彻落实党的十七届六中全会精神加快建设民族文化强省的意见》《云南省"十二五"时期文化改革发展规划纲要》《关于金融支持文化产业发展的意见》，以提高云南文化产业发展规模和整体实力。云南一些民族地区也相继出台了关于

少数民族文化保护的条例、办法和配套政策。这些政策法规的颁布实施，明确了文化发展与保护实施的合法性，对促进保护传承、宣传弘扬和繁荣发展云南文化起到了重要的作用。

2. 加大文化发展基础设施的投入，注意满足居民对文化消费的基本需求

改革开放以来，云南不断加大文化基础设施建设投入以增强公共文化服务能力，落实公民基本文化权利。"十二五"期间，云南省省级文化产业发展专项资金由原来的2 500万元增加到1亿元，文化事业建设费由4 500万元增加到8 000万元，并设立10亿元文化产业发展引导基金。启动实施的省级十大标志性文化设施项目、30个重大文化产业项目等总投资超过600亿元。强有力的政策支撑和资金扶持，为云南快速推进文化建设注入了强劲的动力。为了推动云南文化产业的发展，实现云南文化产业"十三五"发展规划目标，充分发挥国有资本在产业中的引导、推动作用，吸引到社会资本关注、投资云南省的文化产业，"云南省省级文化产业引导和发展基金"于2018年9月成立。之后每年都有基金支持文化产业重点发展项目[52]。

多年来，政府一直精心组织实施"兴边富民"文化工程、边疆解"五难"、两馆一站建设、广播电视村村通、文化信息资源共享、农家书屋、农村电影服务等一系列文化惠民工程，在不断完善基层文化设施的同时，让各族群众实实在在地享受到了文化发展的成果，得到了实惠。截至2020年底，云南广播、电视综合人口覆盖率分别达到99.26%和99.38%。特别是中央和省级财政投入资金实施了一大批基础设施建设项目，使云南28个县群众读书难、看病难、看戏难、看电视听广播难、学科技难的问题得到了较好解决。云南出版发行了14个民族18种文字的各类图书、12个民族19种文字的报纸和2种期刊；有46个广播电台（站）用15种少数民族语言广播，9个电视台（站）用彝语、傣语、哈尼语、藏语等制作、播放电视节目[53, 54]。

据统计，"十一五"期间，云南有953个乡镇综合文化站建设列入国家规划，截至2010年12月基本建成；投入资金3 640万元，完成了69个县级文化馆、图书馆、文工团（队）的改扩建和维修改造工程；投入资金2 134万元，完成了244个乡镇文化站专项设备的购置配送；投入资金4 200万元，建成了420个村级村民文化活动广场；完成了文化信息资源共享工程的建设，包括1个省级中心、15个州（市）中心、129个县级支中心、1 131个乡镇基层（社区中心）站点、10 567个村级（社区活动室）站点，实现县以上覆盖率100%、乡镇覆盖率84%、村覆盖率82%。云南首批文化惠民示范村38个创建点工作取得初步成效。"文化大篷车·千乡万里送戏行"已赴45个县的325个乡镇演出481场，农民观众达220万人。云南667个文化站达到三级以上标准，119个图书馆达到国家三级图书馆标准，占云南公共图书馆的 80.4%，达标率为 82%，在西部地区 12 个省区市中位居前列，达到了"十一五"创建目标。构建了"文化云南"信息资源网络平台，32个州市级图书馆、文化馆，265 个县级图书馆、文化馆，9 个县级美术馆，1 357个文化站免费开放。在此期间，各州市大力实施"文化名州""文化兴市"战略，加大对文化基础设施建设的投入。普洱投资 6.2 亿元建设了占地 420 亩①的集大剧院、"三馆"、文化景观公园于一体的文化中心；曲靖投资 7.6 亿元实施"五馆一中心"工程建设；迪庆在城区中心划出 60 亩土地建设民族文化广场[53~57]。

"十三五"期间，文化建设基础进一步增强。创作了一批反映民族优秀传统文化的音乐、舞蹈、戏剧（曲）及文艺作品，新创原创大型舞台艺术作品 50 余台、小戏作品 70 余个、美术作品 190 余幅，一批优秀剧目入选或者参评国家级节事、赛事和大奖。累计建成公共图书馆 151 个、文化馆 149 个、乡镇文化站 1 430 个、村级综合性文化服务中心 13 442 个、农家书屋 13 994 个、国门书社 19 个，以及文化惠民示范村 235 个、农村文化产业合作社 300 个，基本实现图书馆、文化馆（站）、美术馆、博物馆向社会公众免费开放，群众文化活动类型多样、层次丰富。文化遗产保护成效显著，不可移动文物 14 704 项，历史文化名城名镇名村 88 座（处），中国传统村落 708 个，世界文化遗产 2 项、申遗推荐项目 1 项，非物质文化遗产保护项目 7 631 项，非物质文化遗产代表性传承人 11 054 人，一批重点非物质文化遗产项目和传承人影像记录完成数字化并进入国家非物质文化遗产数据库，古籍保护工作取得显著成绩②。

通过不断投入和持续建设，公共文化服务能力得到有效提升，公共文化服务水平得到有效保障，省域范围内各族群众的基本文化权利也逐步得到落实。

3. 组织文化企业和团体积极参与全国性展演，向外推介云南特色文化产品

改革开放让云南认识到对外宣传与展示是云南文化在比较和学习中成长的重要途径。截至 2022 年，政府先后成功举办了 12 届云南省少数民族传统体育运动会，积极组团参加全国少数民族传统体育运动会。在第七届至第十一届全国少数民族传统体育运动会上，云南代表团竞赛项目一等奖数量蝉联全国第一。积极参加全国少数民族文艺会演，在第六届全国少数民族文艺会演中，云南舞剧《幸福花山》获得优秀剧目奖，歌剧《小河淌水》获得音乐创作奖。两年一届的云南省民族民间歌舞乐展演已成功举办了 12 届，推出了一批具有浓郁民族特色和地域特色的歌、舞、乐优秀节目。在 2011 年 11 月举办的云南省第七届民族民间歌舞乐展演中，还增设了云南省群众文化"彩云奖"，重点奖励非物质文化遗产保护传承

---

① 1 亩≈666.67 平方米。

② 资料来源：根据云南省文化和旅游厅艺术处、文物处、非遗处等相关资料整理而得。

的优秀成果。另外，云南积极组织参加全国少数民族文学创作"骏马奖"评选、全国少数民族文艺"孔雀奖"比赛等活动，都取得了较好成绩。同时，云南各民族地区利用少数民族传统节日，组织开展了形式多样的民族文化和节庆活动，并积极组织各族青年参加全国性文化展演和比赛。

各级各类展演和比赛，既让云南各民族文化有了展示各自发展成果的舞台，也有了向文化发达地区学习的机会，而众多收入囊中的奖项也激发了云南文化发展的信心。

4. 支持民族文学影视艺术的创作与传播，展示"七彩云南，旅游天堂"的美好形象

改革开放以前，云南的民族影片《阿诗玛》《五朵金花》脍炙人口，甚至成为很多人对云南及云南文化的唯一认知。改革开放以后，各级政府大力支持民族文学影视艺术的创作，使创新演艺作品异彩纷呈，走向市场。继《云南映象》《丽水金沙》《印象·丽江》《蝴蝶之梦》之后，《云南的响声》《勐巴拉娜西》《梦幻腾冲》等一大批民族演艺精品在国内外市场上引起了较大反响并赢得赞誉，提升了云南民族文化的知名度和美誉度，取得了良好的社会效益和经济效益。杨丽萍编创并领衔主演的大型舞剧《孔雀》在全球巡演取得良好成效，云南演艺集团驻柬埔寨吴哥商演节目《吴哥的微笑》被认定为国家文化出口重点项目。民族影视创作也亮点频现。《走路上学》《村官普发兴》《金凤花开》《阿诗玛新版》《山间铃响马帮来》《香格里拉》《有一个美丽的地方》等云南民族题材、云南民族故事、云南摄制的影视剧，在影视界引起了巨大反响。电视剧《一米阳光》成为宣传丽江的最具时代感作品，播出后引发了新一轮"丽江旅游热"，甚至由此产生了一个"都市白领周末丽江休闲游"的细分市场，缔造了丽江一年四季无淡季的旅游发展奇迹；电视剧《木府风云》两个月内两次荣登央视黄金档，并在中国台湾地区、韩国等地热播，受到众多国内外游客前所未有的对丽江及纳西族历史文化和演进过程的关注，木府成为最受欢迎的景点之一。民族文学创作的日益繁荣令少数民族作家新人辈出。在第一届至第九届全国少数民族文学创作"骏马奖"的评比中，都有云南少数民族作家获奖。

5. 及时规范文化消费市场，保障文化消费市场的健康发展

大众娱乐需求激增时，各种专业的、非专业的人员竞相在各种大众娱乐场所献技献艺，一度出现了鱼龙混杂、良莠不齐的局面。为了保障市场持续健康发展，政府相关部门对市场进行了干预，为市场设置了准入门槛，要求相关人员持证上岗，考取由文化行政管理部门颁发的"歌手证""乐手证"后才能进入演出场所，这在一定程度上保证了市场供给的能力和水平。

20 世纪 90 年代后期，各类都市报兴起，各大国有媒体争相加入办报行列。昆明当时人口不过 500 万人，一下子增加了《滇池晨报》《云南信息报》等近十家报纸，受众市场规模本就有限，加之报纸内容大部分重复，有的报纸掌握不到信息源就只能从网络上复制，使得市民对各类新兴报媒很快失去兴趣。最后市场通过自发调节实现了优胜劣汰，把那些不适合需求、供给水平低的文化产品淘汰出局，但由此产生的"机会成本"和"沉没成本"巨大。经过国有文化体制改革后，这种现象慢慢得到遏制。

第二节　存在的问题

一、文化的市场化变革有待深化

改革开放 40 多年来，云南文化的市场化变革取得了有目共睹的成绩。但就总体来说，这些变革还是初步的。

1. 国有文化企业的改革步履艰难

出于历史的原因，国有文化企业拥有大量人才、专才和各种有形和无形资产，但因为国资管理体制未理顺，社会资本难以进入，适应市场需求变化的企业经营机制难以建立，制约着企业潜能的充分发挥。国有文化企业大而不强，专而不深，创新与发展能力弱的局面未得到根本改变。

2. 文化市场开放度不高，民营企业的发展环境亟待改善

文化产品的生产和服务市场，是高度分散与细化的市场。它不像工业产品那样需要大规模的投资和生产。一个人有一门专业技艺，做一项专业服务，就能够进行生产。但文化产业早期的市场准入资格审查标准，多参照工业市场准入的标准，注册资本要求太高，阻碍了许多想要进入文化市场而没有资本积累的小微企业与个人。

已进入文化市场的民营企业的经营、发展环境也亟待改善。税负重的问题近年有所改善，但民营企业融资难、交易难、办事难的问题仍然存在。这些问题不解决，文化市场的有效竞争就难以形成。

3. 文化市场体系发育不足

大众消费文化市场发展一马当先，孤军奋战；高端文化市场发展滞后，制约因素颇多；文化中介市场有了一定程度发展，但创新性、规范性不足，难以适应

文化市场日益扩大的需要；文化市场与其他市场（如版权市场）的连接，也未提到相关部门的议事日程上来。

4. 文化市场监管滞后

市场法治建设滞后于市场的发育，监管缺乏依据，良莠不齐的过度竞争与局部市场垄断并存，影响市场的正常运行。对大量涌入的境外文化产品缺乏足够的引导与监管。

二、公共文化服务体系建设有待加快

1. 政府公共文化投入依然不足，公共文化服务体系仍不完善

云南与其他民族地区一样，总体公共服务水平低，区域管理能力弱。民族地区财政总量小、税源少，财政自给率低，对上级财政依赖程度高，导致许多公共服务、地区管理事务做不好、做不了，造成民族地区社会发展的不和谐。

根据《中华人民共和国文化和旅游部 2021 年文化和旅游发展统计公报》，2021 年，全国文化和旅游事业费 1 132.9 亿元，比 2020 年增加 44.6 亿元，增长 4.1%；全国人均文化和旅游事业费 80.20 元，比 2020 年增加 3.12 元，增长 4.0%。全国文化和旅游事业费占财政总支出的比重为 0.46%，比 2020 年提高 0.02 个百分点（图 5.1、图 5.2）。

图 5.1　2011～2021 年全国人均文化和旅游事业费及增速情况

资料来源：《中华人民共和国文化和旅游部 2021 年文化和旅游发展统计公报》

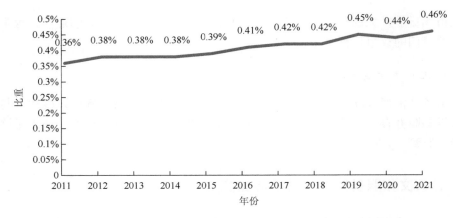

图 5.2　2011～2021 年全国文化和旅游事业费占财政总支出的比重

资料来源：《中华人民共和国文化和旅游部 2021 年文化和旅游发展统计公报》

2021 年，在全国文化和旅游事业费中，县以上文化和旅游事业费 506.4 亿元，占 44.7%，比 2020 年下降 1.3 个百分点；县及县以下文化和旅游事业费 626.5 亿元，占 55.3%，比 2020 年提高了 1.3 个百分点。东部地区文化和旅游事业费 526.4 亿元，占 46.5%，比 2020 年提高了 1.3 个百分点。中部地区文化和旅游事业费 283.4 亿元，占 25.0%，比 2020 年提高了 0.2 个百分点。西部地区文化和旅游事业费 292.6 亿元，占 25.8%，比 2020 年降低了 1.9 个百分点（表 5.1）。

表 5.1　全国文化和旅游事业费按城乡和区域分布情况

项目		2000 年	2005 年	2010 年	2015 年	2018 年	2020 年	2021 年
总量/亿元	全国	63.2	133.8	323.1	682.9	928.4	1 088.3	1 132.9
	县以上	46.3	98.1	206.7	352.8	425.0	501.0	506.4
	县及县以下	16.9	35.7	116.4	330.1	503.4	587.3	626.5
	东部地区	28.9	64.4	143.4	287.9	416.2	491.6	526.4
	中部地区	15.1	30.6	78.7	164.3	232.7	269.8	283.4
	西部地区	13.7	27.6	85.8	193.9	242.9	301.6	292.6
所占比重	全国	100%	100%	100%	100%	100%	100%	100%
	县以上	73.3%	73.3%	64.0%	51.7%	45.8%	46.0%	44.7%
	县及县以下	26.7%	26.7%	36.0%	48.3%	54.2%	54.0%	55.3%
	东部地区	45.7%	48.1%	44.4%	42.2%	44.8%	45.2%	46.5%
	中部地区	23.9%	22.9%	24.4%	24.1%	25.1%	24.8%	25.0%
	西部地区	21.7%	20.6%	26.6%	28.4%	26.2%	27.7%	25.8%

资料来源：《中华人民共和国文化和旅游部 2021 年文化和旅游发展统计公报》

2. 文化内容创新与传统文化保护、挖掘、传承亟待强化

文化的核心内容，即作为文化灵魂的自然观、社会观（价值观）、哲学观（世界观），如何在经济、文化与社会实践中，在中外文化的交流与碰撞中不断创新，是保证中华文化及云南文化生命力的源泉。文化的消费形式和文化产品，只是给文化的核心内容予以表现的形式，一方面让人们在文化消费中获得精神的满足与教益，另一方面令文化产品的创作者、提供者获得市场认可的价值。但是，只有源泉不竭，文化才有永久的生命力。

目前，云南的公共文化服务体系及相关政策对于民族文化发展和文化产业价值链的前端缺乏应有的关注和激励。文化原创是文化产业价值链的前端。它提供民族文化创新发展的可能，一方面是在不改变被市场广泛接受的核心"所指"的前提下，通过创新改变"能指"，成为可进行产业化运作的文化产品，进入市场价值流转循环；另一方面是根据现代社会经济发展的需要以创新的内容来满足市场需求。由于文化原创的投入预期不确定，风险大，周期长，以"利益最大化"为决策基准的"经济人"是不会对此予以投入的，因为一旦决策错误，这对企业而言意味着"沉没成本"；而市场对这样的环节也不会主动配置资源，因为市场只关注那些资源利用效率最高的环节，逐利的本性让市场作为配置资源的有效机制，天生会对所有资源利用环节进行效率比较，选择 A 而放弃 B 的"机会成本"应该小于选择 A 所带来的收益。因此，文化原创只能依靠政府公共文化服务予以支持和鼓励。在只有不断创新才可能拓展物质和非物质文化遗产的传承和利用途径的前提下，要使文化特别是民族传统文化获得新的发展动力，使民族文化资源在产业和市场的结合中实现传承和可持续发展，实现文化价值与实用价值的和谐统一，就必须不断创新。

云南传统文化对外界的吸引力，主要在于它在长期历史发展过程中所形成的，反映云南各族群众善待自然、善待他人的纯朴的自然观和价值观。但在通过商业性表演获得市场价值的过程中，其可能会被扭曲，蒙上一层灰尘。如何在开发传统文化商业价值的同时，保护、挖掘、传承其真、善、美的内在价值，是亟待重视的问题[57]。

同时，相关制度的缺失对传统文化资源进行保护、整合与可持续开发极为不利。在制度建设方面，云南的现代文化市场、地方文化法规和文化生态保护等制度体系建设相较于其他地区明显滞后，因而缺少对文化资源进行优化整合进而利用与可持续开发的前提保障，缺少对参与文化资源开发、文化产业发展的各级各类主体的许可、禁止与规范，缺乏实现文化资源最优配置及其利用效率的市场机制，缺乏有利于各级各类经营主体公平竞争，实现优胜劣汰的市场文化生态环境。因此，云南应该进一步通过政府政策引导、项目引导、资金引导来促进文化资源的优化整合和产业化开放，在国家相关法律法规的大框架下，因地制宜地确立系列行之有效的文化资源产权保护地方性规则，保障各级各类企业在文化市场中的公平主体地位，特别

是鼓励对传统民族文化保护与开发的企业进行自我发展，推动省域范围内文化的市场化变革与协调发展，在此过程中，对无法进行市场化开发与经营的传统文化资源进行有效保护，防止民族文化资源的消亡、流失和不当（或者过度）开发。

3. 民间文化资源和人才没有得到很好的利用和组织，文化管理体制落后

如果不能培养各民族文化群体中优秀的文艺人才，就不可能让文化发展的成效激励和带动更多人，并成为群体文化传承的最佳手段。

西部少数民族地区外出务工的人相对较少，云南外出务工人数少的现象在西部 12 个省区市中就显得更为突出。据调查，有接近 50% 的农户家庭无人外出务工，这就使得丰富的文化资源能得以完整地传承下来，加之随着农村耕地面积减少和大量农机、农具、农肥的使用，农民休闲时间较以往有大幅度增加，使得农民中有相当一批有一定文化知识的年轻人，其中不乏优秀的文艺人才。例如，2016 年，石屏县哨冲镇有农村艺术表演队 8 支，农村文化中心户 1 个，民间艺人 270 人；石屏县龙朋镇有农村艺术表演队 14 支，农村文化中心户 2 个，民间艺人 4 人；石屏县宝秀镇有农村文化中心户 3 个，民间艺人 23 人；石林彝族自治县长湖镇有农村艺术表演队 78 支，民间艺人 300 人；武定县猫街镇有农村艺术表演队 21 支，农村文化中心户 2 个，民间艺人 16 人[52]。但是，由于文化管理体制相对落后，农村文化管理权分属多个行政职能部门，如在省内县一级，广电局负责广播电视工作，文化局负责群众文化工作，体育局负责全民健身工作，宣传部负责对内外文化宣传工作。在乡一级，有党委组织的文化活动，有教育办（所）组织的文化活动。行政管理上条块分割，政出多门，机构重复设置，职能交叉重叠，谁都可以管、谁也可以不管的局面普遍存在，在造成巨大资源浪费的同时，弱化了基层组织落实和保障公民基本文化权利的功能和作用。

由于组织、管理乏力，相关部门没有很好地将很多优秀的文艺人才组织起来，任由他们散落于乡间，没有将他们的文艺优势很好地发挥出来，为更多的农民群众服务。在调查中，我们了解到，乡镇一级基本上设有文化站，但是在对农民进行的问卷调查中，有接近 30% 的农民根本不知道文化站的存在，这些文化基础设施并未得到有效利用，基层文化单位的作用得不到充分发挥。

第三节　两点思考

一、文化的市场化变革如何深化？

1. 市场化变革的领域如何扩大？

如同经济体制变革启动于商品市场一样，文化的市场化变革也首先启动并成

功于大众文化消费领域。受众多，需求大，是市场启动的首要条件。文化产业的形成与发展也要基于这一首要条件。

相反，受众少、需求小的文化领域，如非大众消费的高雅文化领域，或市场价值低而社会价值高的文化领域，如文化古籍的整理，文物古迹的挖掘，以及大量散布于少数民族民间的古诗、神话、传说等文化遗传的收集、整理和传承，就无法进入市场，通过市场的营销来发展。如何推进这些领域的改革和发展尚未有明确的答案。相应地，那些原来从事这些领域研究、挖掘工作的国有文化事业单位，如何改革、如何发展也是需要明确的问题。

2. 市场化的负面影响如何消除？

市场化变革在活跃人们的文化消费需求和文化供给两方面都功不可没。但市场化的负面影响也客观存在。"堵"不是办法，"疏"才是正道。有的负面因素通过市场的良性竞争就能自动消除，有的负面因素需通过市场的规范化、法治化去抑制，还有的负面因素特别是观念形态的负面因素（如颓废的人生观、奢侈的享乐观、低俗的娱乐观等），则需要通过社会正气的弘扬，社会长期、稳定、健康发展才有可能克服。

那么，政府在这些方面应该做些什么？能够做些什么？文化企业、文化经营单位及所有企业公民，在获取自己经营收益的同时，要不要承担、如何承担必要的社会责任？

二、政府在文化市场化变革中的角色如何定位？

政府在过去的文化市场化变革中起过积极的作用，但如何适应文化市场形成与发展的新情况，适应民众对文化发展的期望，调整自己的文化角色，更好地推进文化市场化变革，是需要进一步明确的问题。

市场化、产业化的发展路径固然是区域文化发展的必由之路，但若离开了有效的政府公共服务，发展的目标难以实现，发展的成效也难以显现，尤其在云南文化市场化变革刚刚起步的阶段，还需要政府公共文化服务更多地在政策引导、资金扶持、提供信息、搭建平台、推广新技术、积蓄人力资本等环节着力，以保证文化市场化变革更快、更顺利推进，最终实现全球化背景下文化现代化。

当然，还有一个民众文化需求的表达问题。

边疆少数民族长期的封闭、半封闭社会状态，致使他们对外界知之甚少，抑或他们觉得没有了解的必要，偏安一隅，自得其乐。部分成员外出学习、务工增长见识，越来越多外界信息通过传媒流入封闭环境，对当地族群逐渐产生影响。

但由于长期封闭，加之受教育程度低，很多农村居民特别是"老、少、边"地区的各族群众无法认知自己的文化需求，尤其是对科学技术和文化知识及丰富的文化产品的需求。因此，满足各族群众文化需求的工作主要由政府来完成，通过转移支付和二次分配关照和扶持弱势群体，提供符合他们实际需求的产品与服务。这必须以深入了解各族群众文化需求为前提，才能真正使财政支出被用到最急需支持的环节，被用得更有效率，切实落实和保障各族群众的文化权利。

第六章　云南文化发展的市场化变革
——文化旅游产业发展分析

在云南文化发展的市场化变革中，传统文化与旅游产业的融合，形成一种新形态的文化旅游产业，成为云南文化发展的特色，也形成云南文化发展的后发优势。它表明，过去以为只有社会价值而无市场价值的文化要素不能实行市场化营销的认识，是不正确的；传统文化的内在价值，可以通过一定的形式——产品形式或服务形式，转化为商业价值或市场价值，从而为市场所接受，为大众所消费。本章意在通过对案例的剖析，了解文化与旅游产业融合（或结合）的动因、条件与做法，分析两者融合的成效与负面效应，从侧面探讨云南文化发展的市场化变革过程。

第一节　融　合　过　程

一、始因：传统文化市场价值的发现

传统文化的内在价值是为当地的人们所熟知的。千百年来，它被生活在大山里的人们滋养着、孕育着，世世代代地传承着。但它们对于外部世界的价值，却未有认知，也未被大山外的人认识，可谓"藏在深山无人识"。

直到 20 世纪 80 年代中期，一批批游客进入云南大理等少数民族地区参观游览，当地群众穿着少数民族的服饰，以少数民族特有的歌舞与节庆仪式来热情地迎接他们。游客为当地群众的热情好客所感动，更为当地保护良好的古庙、古建筑，以及绮丽秀美的自然风光所撼动：这种天地人和的景象，对于那些长期生活在现代都市的人来说是一幅很令人神往的图景。当然，在他们离开之前，没有忘记给当地留下一笔不算丰厚的回报。

就是这样一个偶然的机会，人们开始意识到自己世代相守的传统文化所具有的现代价值，同时认识到，通过将传统文化因素与现代旅游产业相结合，就可以令传统文化的内在价值变为市场价值，成为改善当地社会经济结构、提升居民生活水平的重要资源。

于是，当地的文化部门与旅游部门首先产生了联合的冲动。接着，当地的乡镇政府、社区、民众也发现了这一商机，纷纷行动起来，投入文化旅游业的发展之中。

早在 20 世纪 80 年代中期，作为云南旅游业最早发端的地区之一——大理，就开始借助丰富的历史文化资源与民族文化资源发展旅游业，只不过，当时只是把这些文化作为打造旅游产品的元素，根本没想到有一天文化也能以产业化的形式发展，并且与旅游产业融合，推动旅游产业的发展。当时，从昆明去大理的公路里程为 700 千米左右，正常情况需要开车 9 个小时，在通达性极差的情况下依然能够吸引如此众多的游客前往大理游览，仅凭秀美的自然风光是不够的。显然，大理号称"亚洲文化的十字路口"是有其历史积淀和现实依据的。首先，大理是历史上南诏国的所在地，南诏文化在整个云南历史上地位极其重要，也为后人留下了南诏时期的古城、古碑、佛塔等大量遗迹和影响大理白族及其他民族的历史文化渊源。其次，大理地理位置十分特殊，茶马古道横贯大理，至今在大理的鹤庆、云龙、剑川、喜洲等地仍留有茶马古道的马帮驿站、古驿道、古商铺，以及古代交易货品的生产技艺等，如剑川沙溪古镇就号称"最后的马帮小镇"。

大理自古就是通往滇西北腹地和滇西、滇西南的重要枢纽，因此，大理也成为各路商人、各地民族融汇交流的一个重要地区，其文化影响范围极广。神秘、古老的历史文化和众多的历史遗迹，加上多姿多彩的民族风情，构成了大理对旅游市场的最初吸引力。在其吸引力形成的过程中，从现代发展的角度而言，两种文化产品功不可没。一是影视作品。全国人民最早通过《五朵金花》这部影片认识大理这个地处偏远的地方及世居于此的白族，"金花""阿鹏"成为大理男女青年的代称。二是文学作品。20 世纪 80 年代中期开始在中国风靡一时的金庸小说成为宣传大理的又一重要媒介。在金庸小说里，大理国、洱海、"段王爷"这样一些虚虚实实的人物、情节与场景都激发了人们对大理的向往。

大理旅游产业的成功发端，文化元素、文化媒体发挥了重要作用，而游客一批又一批来到大理，也促使当地各族群众开始重新看待自己的文化。重新穿上民族服装，重新用青石板铺就古城的道路，重新在饭桌上增加咸香可口的野菜，重新演唱《蝴蝶泉边》，跳"霸王鞭舞"。传承自己的文化，保护自己的文化传统，越古老越民族的文化越能吸引游客。于是，从政府部门到普通老百姓，越来越意识到传统文化的价值，所有能够对游客产生吸引力的传统文化都要保护，并加以开发和利用。于是，逢年过节或遇到州庆等重要事件，州政府明确规定所有白族领导要穿着民族服装，平时对外服务行业人员一律穿着民族服装，尤其是旅游从业人员；恢复白族三道茶等传统饮食，并根据实际进行指定场所的展示和体验；恢复一些婚俗表演，增加民俗风情的吸引力；取缔洱海机动船作业，在保护水质的同时，恢复传统的人工作业，用渔网和鱼鹰进行捕鱼，成为洱海一道独特的风景。通过旅游产业展示手段来展示的这些传统民风民俗不仅提升了旅游目的地的吸引力，而且丰富了游客在目的地的体验，形成了市场供给和需求之间的良性互动循环。市场的自然发展形成了旅游产业与文化融合发展的最好助推，无须动员，全社会具有广泛参与的主动性，而旅游产业的发展也让大理成为全国乃至全世界具有知名度的旅游目的地，长年吸引着来自海内外的游客，创造了良好的社会效益和丰富的经济回报。

当然，从科学发展的角度来说，文化与旅游产业融合发展是有着充分理论依据的。

二、动力：文化资源的开发利用与旅游产业升级

前面我们已经分析过，云南有着非常丰富多样且优质的文化资源，但由于封闭、半封闭的自然经济循环，这些资源长期得不到开发利用，民众长期处于经济困难状态，由此形成了"守着宝藏当叫花子"的尴尬局面。改革开放以后，文化资源开发利用的时机来了，但暂时还未找到合适的、大规模开发的路子。因为大多数民族文化资源以民俗、歌舞、节庆、饮食和居住习惯等形式流传、散落于民间，能够通过文化产品形式（如电影、文学作品、工艺美术品等）开发利用的只占极少数。直到找到旅游产业这一载体，文化资源的大规模开发利用才成为可能。

1. 旅游产业是整合、开发各类传统文化资源，实现其价值转化的有效产业形式

第一，以旅游线路为主要形式的旅游产品有助于整合散落各处的各级各类文化资源。

以旅游线路为主要形式的旅游产品，其生产和销售方式可以使得原来可能散落在各地，甚至"久居深山人未识"的各级各类文化资源被整合。线路产品的延伸，形成了"连点成线""连线成面"的整合发展态势，提供了将文化资源形成的旅游产品内容与消费者的需求直接对接的可能性。这样，就突破了文化产业、文化产品自身的局限，最大限度地对文化资源尤其是特色文化资源实行市场化开发与利用，实现文化资源的市场价值。

第二，旅游消费改变传统消费路径和模式，提供文化资源与市场需求对接的可能性。

一方面，游客向旅游目的地的空间位移，改变了传统消费对象向消费者靠近的消费方式和路径，打破了地域对文化资源市场化开发形成的阻隔，为各族文化提供就地展示的舞台，既最大限度地保存了文化原真性铸就的吸引力，也通过旅游消费激发文化主体传承、创新文化的自觉。另一方面，新媒体、全媒体技术赋予文化与旅游产业结合的可能性，同时丰富旅游产品的内容、表现形式及文化产品的展示途径，借助旅游产业的发展，创新文化符号"能指"的同时，实现文化符号"所指"的市场价值。即把原来寓于各民族群体的神话、传说、民俗和地方

剧种的文化内涵，用旅游产业的手法和游客喜闻乐见的方式展示出来，赋予所有文化"被展示""被参观"甚至"被参与"的可能性，提升文化的"可读性"和"可接近性"，在旅游体验中形成游客对文化内涵的认知，甚至形成共鸣，使这些原来已经不适应现代文化生活和文化生产要求，甚至于濒临消亡的文化资源被重新认识，在旅游产业发展中实现创新发展。

第三，旅游开发，尤其是社区参与式开发，有助于帮助旅游目的地居民实现就地城镇化，形成城镇文化发展集聚态势。

旅游目的地的开发，常常围绕一个核心景观、一个主体民族或是一种文化遗产、一种特殊技艺等展开，以此形成旅游目的地的品牌个性，形成与同类产品的明显差异，进而形成对旅游市场的持久吸引力。旅游开发的这种特性容易对地方资源形成依赖，对地方环境产生"根植"，因而现代旅游产业开发过程中常常有机地引入社区共同参与。一方面，社区及其主体本身就是旅游吸引物，构成旅游产品的文化内涵和灵魂；另一方面，社区的深度参与以利益分享的方式保障社区居民得到发展旅游产业的最大收益，因而持续对旅游产业予以支持和关注，对外来游客表现出极大的热情，使好客的传统与文化也成为对客源市场的吸引力要素。随着旅游客源市场规模的扩大，旅游产业的带动效应逐步显现，直接或者间接参与旅游产业发展的社区居民日益增加，并且可能在市场驱动下，在旅游核心区或者是旅游集散中心附近集结成新的人口聚居区，形成旅游服务就业人员及其家庭成员就地城镇化的新格局，直接形成他们失去土地和传统生计后的产业替代。以服务业、文化产业和旅游产业为主的新市镇就此形成，并在相对狭窄的空间区域内形成服务业、旅游产业和文化产业集聚发展的态势，新技术得以迅速在各个行业部门内使用；专门从事某个技艺生产和供给的社区居民形成产业集聚的人力资本，并在技艺传承的过程中形成对技艺的创新与发展，而整个市镇也成为一个巨大的"文化传播设施"，通过有明确关联的景观、路径、地标和特色文化功能区构筑旅游目的地的文化可读性。

这种以需求为导向、以空间规划为目标的市镇发展方式与产业发展密切相关，对社区文化和文化主体的依赖性极强，文化项目成为该类市镇的支撑，同时，该类市镇也成为社区文化可参观性、社区文化市场知名度的载体，并且通过不断的消费溢出效应和市场口碑传递，促进消费者在该地区的文化消费支出。

这样的现象在云南全域范围内极其普遍，守着世界文化遗产的红河哈尼族彝族自治州，就是一个突出的例子。改革开放前，多年来半封闭的生活及半自给自足的生产方式，不仅使世界罕有的大地景观——哈尼梯田埋没于深山之中，更使得哈尼族人世代居住的村庄、蘑菇房濒临空心化的危险。由于传统农业生产收益低，青壮年劳动力为了追求更好的生活和更快致富的途径，纷纷远离家乡，村里只剩下老弱妇孺。

改革开放的春风吹进了哈尼山乡。对外开放政策的实施使得绿春、元阳这些历史上基本完全封闭的区域也开始允许外国人进入。20 世纪 80 年代早期，一次偶然的机会，来到元阳的游客发现了梯田这一美丽的景观。随后，没有商业化的广告，也没有政府组织推广，完全凭借口碑，一传十，十传百，越来越多的旅游团队要求到元阳拍摄哈尼梯田。路途遥远，路况艰险，加之基本没有任何接待设施，游客经常是睡在旅游车上，等待观赏梯田的日出与日落。当地群众发现，原来自己赖以为生的土地对游客有吸引力，原来他们还想住一住蘑菇房，原来他们觉得那些土布制成的衣服挺漂亮……一批批摄影爱好者的到来让哈尼族人开始重新审视他们的文化，他们也在思考，如果能有更多的游客到来，游客的吃住玩都会成为增加收入的途径。于是，元阳县人民政府做出一个大胆的决定，为建设旅游接待基础设施，扩展接待空间和游客的集散空间，把元阳县城从原来的半山，整体搬迁至平地，这样既可以大大扩展集散空间，从现代产业发展的趋势来看，也可以有效减少大量游客进入对居民社区和景源集中地的干扰甚至破坏，把旅游活动当中的观光游览和满足基本生存需求的活动严格地区分开，提升生活品质和游览体验。旅游产业的发展不仅对旅游市场形成了吸引，也吸引了大量资本进入景区进行投资开发，在当地政府的引导下修缮景区道路，开发景区旅游产品，甚至把当地人传统的稻作技术及其产品红梗米作为旅游及其附加产品开发的对象，全方位地展示、利用了当地的文化资源。

由此可见，文化与旅游产业的融合是大规模开发利用云南民族文化资源宝库的有效形式，是实现云南传统文化的价值转化、促进云南文化发展的市场化变革的一个重要形式。

2. 旅游产业与传统文化的融合，也为其自身的升级开辟了一条新路

在旅游产业发展中，我们不得不面对的严峻问题是旅游市场对产品保持新鲜感的周期越来越短，产品创新的压力越来越大，尤其是大众旅游时代的观光型旅游产品，由于文化含量和生产的技术含量不高，同质化程度较高，在竞争中很快就会被淘汰。但如果能充分利用文化资源，形成产品的丰富内涵和深厚底蕴，值得游客慢慢品味、重复体验，产品的生命周期就会延长，其营利能力也会增强。因此，旅游产业与文化的融合，其实是自身升级发展的要求所致，是满足旅游产业发展更高阶段的要求所致。

我们知道，任何产业的长期增长仅靠资本来支撑，最终必然会碰到报酬率的急剧降低，不得不求助于技术进步——生产方法和产品种类及质量的连续进步[58]。

在边疆民族地区旅游产业的创新中，一方面可以增加产品的种类，使民族地区旅游产品整体结构丰富化、多样化、多层次化，在现有产品仍有市场的情况下，不断推出新产品，作为现有产品的补充，使得在产品生命周期每个阶段都有产品，有效规避旅游产业与生俱来的季节性和脆弱性。另一方面，可以在民族地区各种旅游产品的设计和开发中，通过中间投入品的数量，即各类型产品中单项产品数量的增加，提升旅游产品的附加值，让边疆民族地区旅游产品真正形成"质优价廉"的核心竞争力[58]。

对于现阶段技术相对落后于发达地区，短期内无力对研发进行大量投入的云南旅游产业来说，在不增加或少增加新的旅游基础设施投入的情况下，充分开发原有的旅游资源，提高原有资源的开发深度，增加吸引游客的项目，形成集聚效应和规模效应，获取规模经济效益，是最适宜的[58]。云南丰富且高品位的文化资源通过旅游产业的转化，将大大提升最终旅游产品的质量，从而实现旅游产业的升级。这也是旅游产业最快捷、最实用的升级途径。

云南旅游产业要想与发达地区抗衡，只有不断提高每一种单项旅游产品的质量，深度挖掘旅游产品的文化内涵，提高旅游产品的科技含量和知识含量。有了坚实的质量基础，才能通过定价策略（包括垄断定价和极限定价）来阻隔竞争对手的打击，维持甚至不断提高市场占有率，维持产业安全[58]。

云南坐拥丰富的文化资源，却没有直接切入产业化的基础。如果按照发达国家和地区的发展经验，以工业化的方式推进文化产业的快速发展，对于云南这样的边疆民族地区显然不太可行。加之，如前所述，云南的文化虽然多元，但每个文化群体规模都较小，知名度较低，文化自生能力不强，政府自有税源少，专门为发展文化而进行的公共投入极其有限，加之长期经济困难压制了广大群众的文化消费需求，极大地限制了他们的消费能力，于他们当中的许多人而言，直接文化消费无疑是一种高层次的消费，因而，云南文化变革与发展的模式选择应该既能兼顾产业实力不强、供给能力弱的实际，关照专门消费市场规模短期难以形成的实际，还要同时考虑政府和其他各类资本的投资局限。因此，借助既有产业发展平台、既有成熟消费市场来促进文化供给能力的提升，加速文化资源向流通环节的流动，培育文化消费市场，才是云南文化发展的市场化变革的必由之路。

三、发展：政府与民众合力

当人们看到商机的时候，就会自觉行动起来，捕捉商机。政府部门（主要指文化、旅游的主管部门及其下属企业）的联合行动与地方社区、民间企业及个人的联合行动同时带动了与旅游产业相关的服务设施建设与服务业发展。

1. 政府发挥主推手作用

从政府层面来说，各地政府是文化和旅游产业融合发展的主推手。无论是在云南旅游产业最早发端的昆明、大理、西双版纳，还是"后发制人"的丽江、德宏、保山，抑或是出现的热点旅游目的地昭通、怒江、临沧，各地政府都把扶持文化旅游产业的发展作为当地推进经济和社会发展的重要抓手，鼓励县乡各级各部门和广大群众积极参与，形成新一轮发展热潮，开创一片新天地。

保山市腾冲县（现腾冲市）以自己独特的侨乡文化、边境文化、玉石文化和厚重的历史文化在 21 世纪众多的云南旅游热点中脱颖而出。作为全国最大的民间图书馆所在地，作为著名哲学家、教育家、革命家艾思奇的故乡，作为滇西抗战三大战役的发生地之一，它与生俱来有着深厚的文化内涵。这里的人温润谦恭，读书成风，抵御外敌时毫不示弱。如此丰富的文化元素使得腾冲能与众多竞争对手相区分，对市场形成独特的吸引力，同时也吸引了大量外来资本，加速了腾冲作为旅游目的地的发展进程。腾冲的市场营销一直走的是文化路线，拍摄电视剧（如《滇西 1944》《我的团长我的团》），举办文化活动，进行事件营销（如帮助飞虎队老兵后裔寻找当年的抗战老兵和支前群众，引得国内外知名媒体持续关注）。腾冲独特的气候和丰富的地热资源，使游客不仅进得来而且留得住。2013年腾冲县旅游产业围绕到腾冲"洗肺、保湿、静心、养老"四张名片，以建设"国内一流、世界知名"的休闲度假健康旅游目的地为抓手，打造健康旅游品牌。

位于云南西北的怒江傈僳族自治州，是文化旅游产业后起的一个典型。它是中国能通公路最远的地方，故曾一直是交通运输部的对口扶贫区。21 世纪以前，严重闭塞的交通状况使怒江只有出差和做木材生意的外来人。笔者有幸参与了中华人民共和国成立以后怒江第一个旅游发展规划的编制，于 1999 年 4～5 月在怒江全境调研。随课题组进入的还有最早想开发怒江旅游产品的一家旅行社，新闻报道中出现的独龙族纹面女、傈僳族同心酒和建在海拔 4 000 米左右的教堂等，是所有人对怒江的少得可怜的认知。神秘、偏远和原始成为怒江当时在外界的定格形象。但也正是这些神秘的、独一无二的文化元素，弱化了通达性造成的旅游障碍。在怒江真正对外开放后，吸引了一批又一批国内外游客的到来。怒江的旅游产业极好地开发和利用了这些文化资源，形成怒江旅游的整体形象和满足各种不同需求的系列文化旅游产品。例如，以春节"澡塘会"为主的民俗文化体验型产品，以傈僳族同心酒、手抓肉为主的饮食文化产品，以教堂参观、唱诗和牧师授课等为主要内容的宗教文化产品，以感受怒族高山原住民生活为主的探险旅游产品等，无一不以当地的独特文化为基础，在展示各族文化的同时，吸引了游客参与，更以参与和互动的方式，强化了这种文化差异性带给游客的独特体验。以怒江独特的交通方式为背景的纪录片、电影在国际上的获奖或者在全国的上映，引发了人们对怒江的关注，更激发了游客出行的最原初动机——对异文化的好奇。2021 年，被命名为第八批全国民族团结进步示范区示范单位的怒江旅游总收入为 29.20 亿元，同比增长 11.49%①。旅游产业与文化的融合发展，使怒江成为云南旅游产业"二次创业"中最具发展活力的地区。

政府的推手作用主要通过规划引导和政策鼓励来发挥，在产业发展进程的每个环节，也离不开企业与民众的参与。

2. 民众发挥主力军作用

从企业和民众层面来说，云南文化资源和旅游需求的多样性，也为各类市场经济主体的积极参与提供了机会。各类主体的主动参与和积极行动，极大地推动了文化旅游产品的生产与服务，活跃了文化旅游市场。

云南文化旅游资源可分为五大类，每类资源的开发利用，都吸引了大量民营资本、民间企业的参与，其使用者、生产者也多为当地群众，因此，在云南文化旅游资源的开发和利用方面，民众发挥着主力军作用。

（1）民族歌舞资源。云南是歌的海洋、舞的世界，每一个民族都有自己独特的歌舞艺术。目前，云南有已收集到的各民族民歌民曲 2 万多首，舞蹈 6 718 套，戏剧 2 000 多个，器乐 200 多种，叙事长诗 50 多部。它们大多数来源于生活，来源于生产实践，不仅具有较高的艺术价值，而且具有极高的观赏价值。云南多民族文化本来就对外部市场形成了神秘的、多元的吸引力，现在成形的旅游产品又对其进行艺术加工和包装，注入现代元素，使之更符合人们的观赏习惯，并以此形成线路产品消费时间和空间上的补充，让旅游产品内容和层次都更为丰富，并因此扩大市场影响、赢得更多的消费者认知，增加了游客的单体消费，由此获得了巨大的经济效益。例如，玉龙雪山大型实景演出《印象·丽江》，不仅增加了雪山观光旅游产品的文化内涵，而且实现了一次出游，一个景区多个消费节点共同盈利的产品格局。以此为成功范例，云南先后在大理、昆明、西双版纳、腾冲等地打造集当地民族歌舞演艺资源为一体的晚间娱乐和演出节目，大理的《蝴蝶之梦》《希夷之大理》，昆明的《走进伊甸园》，西双版纳的《勐巴拉纳西》等均获得成功，实现了良好的市场效益和社会效益。上述文化旅游产业融合产品的消费者主要是游客，投资者和运营者也多半是个人或者民营企业。

（2）民族民间工艺品资源。在有形的民族文化中，民族民间工艺品相对而言是最容易被作为产业开发利用的。云南各族人民在这方面摸索出一些方法，奠定了一定的产业基础。例如，傣族傣锦，鹤庆新华村白族工匠打制的金属手工艺品，剑川的木雕，大理、巍山彝族白族的扎染，会泽生斑铜工艺，香格里拉尼西黑陶，建水紫陶，镇沅黑陶，大理石制品，等等。云南每个县几乎都有一些独特的产品。

---

① 2021 年怒江州国民经济和社会发展统计公报. https://www.neac.gov.cn/seac/c103544/202210/1159351.shtml，2022-10-21.

只要各地真正秉承资源优势,不断吸取和借鉴国内外先进的设计理念、工艺技术,使民间生产的每一件工艺品都成为工艺师的心灵之作,使购买者、收藏者都能从中感受到质朴、独特的艺术灵性,云南民族民间工艺品的市场活力就能充分焕发出来[59]。旅游产业在云南范围内的发展,为各类民族民间手工艺品提供了就地展示与销售的平台,逐步形成了消费者的口碑和市场影响力,加之日益便捷的物流与进出口优惠政策的保障,云南的民族手工艺品必将成为云南旅游商品最重要的组成部分。各地各民族手工艺品的加工制作主体是当地各族群众。

(3)民族服饰文化资源。云南各民族及同一民族的不同支系,在服饰上都有明显区别,造型上异彩纷呈,色彩上缤纷艳丽,制作工艺上多种多样。从世界时装市场来看,民族服饰中的许多元素一直是现代时装设计大师的创作源泉,而人们服饰需求的多样化、个性化则给民族化服饰提供了生存的空间和土壤[59]。特别对于跨境民族而言,能够买到质优价廉的民族服饰是对其基本生活需求的直接满足,民族服饰需求量大,市场稳定,加之中外游客体验旅游产品的直接需求,使得云南文化与旅游产业融合发展中民族服饰的开发前景光明。在此过程中,无论是民族服饰的使用者还是生产者,都是广大少数民族群众。

(4)民族节庆文化资源。云南各少数民族几乎都有自己独特的民族节日,如在芒市、瑞丽每年举行中缅胞波节,过去只是简单的仪式,现在早已经演变成边境各族人民的商贸交易大会和吸引境内外游客的重要节日,经济效益与社会效益日益显著。在文化与旅游产业融合发展的过程中,努力开发更多民族传统节日集会、庆典,如傣族的"泼水节",傈僳族的"刀杆节",瑶族的"盘王节",景颇族的"目瑙纵歌",佤族的"新米节",同时针对游客的需求,创新节日内容、举办手段及商业营销技术等,通过节、会、展、演、赛更直接地对外展示云南少数民族所特有的文化沉淀和结晶,使之成为巨大的文化精神财富和审美需求的载体,并激发游客的消费需求,产生巨大的市场效益。因为,每一种民族节日和习俗的独特文化与游客审美个性的契合,都有可能直接激发旅游行为的产生,而大多数民族传统节日也蕴含着丰厚的、质朴的代表人类对真善美及富裕和幸福生活追求的普适性情感,因而会对区域文化旅游经济带来巨大的拉动效应。

(5)民族饮食文化资源。云南各少数民族的美食各有特色,而且具有浓郁的绿色餐饮色彩,非常符合现代人的饮食需求。加之"食"既是满足游客外出旅游基本生存需求的要素,又是现代文化休闲消费的主要内容,因而,在旅游产品开发中,充分挖掘和利用云南的饮食文化资源,是最具可操作性和现实意义的。例如,白族的"三道茶"、傣族的"香竹饭"、哈尼族的"长街宴"、傈僳族的"同心酒"、佤族的"鸡肉稀饭"等已经成为居民和游客喜爱的云南美食。如果能从产业融合发展的角度切入,利用丰富的民族饮食文化资源并借助现代商业营销手段进行包装与宣传,不断推陈出新,形成系列特色鲜明的民族风情餐饮产品,就能借助文化旅游产业的发展平台，把民族餐饮打造成"滇菜系"中的精品，极大地弘扬云南民族传统餐饮文化并取得经济效益。

3. 市场竞争须规范

文化资源的价值通过旅游产业的发展被更广泛的区域认知，各地都采取融合发展的方式，形成了同质化产品的过度竞争，一时间旅游产品乱象丛生。例如，云南好多地方都自诩玉石原产地，打玉石文化牌，游客对其存疑，影响了云南玉石产业的整体形象。当然，政府面对这样的"市场乱象"不会坐视不管，因为市场自身无法调节，所以省州市县各级政府要么出台相关法规和政策，要么政府搭台，促成各利益主体建构利益联盟，整合资源，形成发展合力。

对玉石生产、加工和销售的市场乱象，除了市场干预的工商行政手段、质量监督手段外，云南还对购物点进行旅游购物认证，以保证产品质量，维护云南的产业声誉。

毋庸置疑，文化与旅游产业的融合是文化发展和旅游产业升级的必由之路，但纠正融合发展进程中的市场偏差，还得依靠政府的公共服务。

四、政府责任：规范与补短

在文化与旅游产业融合发展的进程中，政府除了在规划引导与政策扶持上发挥推手作用外，还要从两个方面发力。

第一，要制定竞争规则，维护竞争秩序，以此保证文化对旅游产业发展基础作用的显现。例如，确定线路开发与设计的产权保护等规范。对于最先投资于新线路的产品开发，特别是用新技术、新方法来展示文化的旅游产品的开发，政府应该以保护其一定时间一定范围内合法收益权的方式鼓励线路产品设计开发所有权人的积极性，保障其合法权益，形成对更多企业自主创新的鼓励。又如，要建立健全旅游市场的退出与准入机制，严格实行旅游企业认证与年检制度，对违反相关法律法规的企业和个人坚决取消其在行业内发展的资格，并且向社会公示，警示同行，提醒消费者。再如，鼓励现有导游协会、饭店协会等行业组织发挥作用，实现行业自律，并且以逐步推进市场化变革的契机来实现对行业协会的规范化、市场化管理。

第二，要把公共投入的重点放在对交通、通信、电力等基础设施条件的改善方面，为文化与旅游产业融合后的大发展创造条件，为旅游市场的开拓奠定基础。基础设施的供给能力与供给水平直接关系到旅游便捷性、安全性的高低和旅游目的地吸引力的大小，因此，要把有限的投入集中于目前阻碍云南旅游产业升级发展的最大瓶颈因素方面，解决基础设施、配套设施滞后于旅游产业发展要求和城镇化要求的问题，保障主要旅游目的地尽快形成便捷的、多样化的交通网络，形成稳定的、功率强大的通信网络和能满足游客外出需求的供电、供水网络等，确保游客在云南旅游期间的体验品质。

第二节　成效与实例

一、成效

自 20 世纪 80 年代中期至今，云南文化与旅游产业的互动发展取得了多方面的成效。

1. 文化与旅游产业的互动促进了旅游产业的发展

经过 20 世纪 80 年代至 21 世纪最初 10 年的发展，云南旅游产业已经基本形成了包括食、住、行、游、购、娱在内的较为完善的旅游产业体系，交通基础设施、景区景点建设、旅游接待服务设施建设取得长足进步，积累了开发旅游产品、拓展旅游市场、举办节庆活动、培育旅游人才、实施依法治旅的丰富经验。旅游产业的六大产业要素均实现与省域范围内各地的特色文化紧密结合。旅游产业的发展，一方面为民族民间工艺品、旅游纪念工艺品、民族演艺等产业环节的创新和发展提供了广阔的市场空间，能实现旅游产业发展对当地社区及居民的反哺；另一方面通过游客的消费示范，向云南各族群众传播新的消费理念，进而形成对相关产业有重要支撑和激发作用的本地规模化市场需求，推动和加快本土餐饮、休闲娱乐、特色节庆等产业环节的发展，可极大地推动本地文化旅游、休闲娱乐的消费，延长文化与旅游的产业链，在产业协调互动发展的基础上，促进文化与旅游产业在更大范围内的融合发展，使产业素质得到明显提升，并且逐步凸显出具有鲜明民族特色和地域特色的文化旅游产业在云南经济社会全面发展中的主导作用。在发展过程中，云南以旅游需求为导向，根植于独特的民族历史文化和独特的自然环境，开发出一系列旅游文化精品，如已经具有广泛市场号召力和品牌效应的《云南映象》《走进伊甸园》《印象·丽江》等原生态表演剧目，这些剧目中有的直接以实景为依托，有的借助舞台表演和声、光、电技术等现代展示手段，以深刻的历史文化、民族文化底蕴形成了较国内其他类似产品的鲜明差异性，为云南乃至西部各省区市文化和旅游产业的融合发展提供了可资借鉴的成功范例。

2. 文化与旅游产业的互动发展不断促进文化体制改革

云南文化产业发展中存在的体制机制不适应、市场发育程度低、经营主体竞争力弱等问题，在文化与旅游产业的互动发展中得到一定程度的解决。云南借助旅游产业的市场平台和载体，促进了文化产业市场主体培育和中介组织、文化经纪代理制度的发展，促进了政府从"办文化"向"管文化"转变，增强了市场对文化资源配置作用的发挥，一定程度上减少了文化资源闲置和浪费现象[60]。同时，在文化与旅游产业的互动发展中，加强了文化产品与市场需求的对接，文化产业发展逐步形成财政拨款和社会投资积极参与的投融资格局，一定程度上提高了文化经营主体的创新力和竞争力。

3. 文化与旅游产业的互动发展促进了传统民族文化技艺的传承保护，同时实现了文化富民和文化惠民的发展目标，帮助群众致富

山高路险、对外封闭是导致云南大多数边疆民族地区经济落后的主要原因，正是这些原因促成了云南文化的多样性和独特性。文化旅游业的发展使这些地区的独特文化资源得以开发和利用，当地居民的生产和生活用具、生活方式及价值取向等成为游客的关注点，当地居民本身也成为独特文化的载体和审美对象。旅游产业经济利益的激励，极大地促进了群众参与当地旅游产业发展的积极性，而在旅游产业发展中保护文化的独特性是获取经济收入的关键，这不仅促进群众保护自身文化的积极性，也使不少边疆民族地区依靠旅游产业和文化产业发展走上了致富的道路。

于现代社会的各族群体而言，传统技艺的消亡顺应市场化发展对生产力发展的要求，相对于现代人日新月异的生产和生活需求，这些古老的生产技术无论是产量还是产品质量均无法保证。但作为一种文化遗产，作为承载民族历史与生产和生活实践的记忆符号，如果其能与现代产业化运作相结合，在新的市场化环境中焕发出青春，不仅可以实现对传统文化的有效保护，保持文化多样性，还可以为现代各族群体的生产和生活带来直接收益。云南省临沧市耿马傣族佤族自治县孟定镇芒团村就用传统的傣族手工造纸来创造美好生活[61]。芒团村的傣族手工造纸技艺完整保留了我国古代造纸术的 5 步流程和 11 道工序，是我国四大发明之一造纸术留存至今的"活化石"。构树（手工造纸的主要树源）资源枯竭和手工造纸供不应求的矛盾，组织分散和管理粗放的问题，严重影响了这一技艺的发展。芒团村通过与种植投资企业、造纸企业合作，成立种植、造纸产业合作社，规模化种植和生产，解决了野生构树资源短缺、构树木材销路的问题，为产业发展提供了保障。芒团村还借助金融部门力量，帮助种植户解决前期构树基地种植资金投入上的困难，如与农村信用合作联社协商，以农户山林土地使用权或农村自有房产做抵押，对农户发放小额贷款，由云南省文化和旅游厅给予部分贷款贴息补助。2013 年，耿马傣族佤族自治县农村信用合作联社孟定信用社发放贷款 110 万元，扶持构树种植农户 13 户，完成了 2012 年 1 000 亩构树种植计划。如今芒团村成为云南"活态传承非遗文化，探索文化富民新路"的文化惠民示范村。

二、实例

1. 新华村的变化[62, 63]

大理白族自治州鹤庆县新华村是云南重点打造的旅游文化小镇之一。2000 年，新华村被文化部、中国村社发展促进会分别命名为"中国民间艺术之乡"和"中国民俗文化村"；2009 年 11 月，通过国家旅游局 4A 级景区终评验收。

据新华村村委会提供的数据（根据实地调研，该数据是非常保守的），2020 年，新华村旅游收入为 3.1 亿元；2021 年，新华村旅游收入为 3.2 亿元；2022 年，新华村旅游收入为 3.3 亿元。总人口不到 6 000 人的村庄，借助文化和旅游产业融合的特色发展，带动了鹤庆县超过 50 亿元的大产业。村民从生产方式、生活方式到思维方式，初步完成"城镇化"过程，成为云南文化与旅游产业融合发展的成功范例。

有着与新华村类似民族文化资源（尤其是传统民族手工艺品技艺传承）和自然资源的地方不在少数，新华村的做法值得它们借鉴。总结起来，新华村主要是从以下几方面入手逐步走上文化与旅游产业融合发展的特色产业化道路的。

（1）找到产业化发展的突破口。新华村位于大理和丽江两大著名旅游目的地之间，屏蔽效应十分明显，单纯依靠旅游发展的市场效益并不显著。为有效增强其旅游产品的竞争力，必须找寻大理和丽江旅游产品在满足市场需求方面的空白，作为新华村生存发展的"利基（niche）市场"。旅游拉动＋传统民族手工艺品加工形成完整产业链的思路为新华村旅游发展找到了突破口。

新华村有着悠久的民族手工艺品加工历史，早在南诏国时期就开始加工制作手工艺品，至今已有一千多年。茶马古道运载了新华村民间艺人精湛的民族手工艺品和高超的工艺技艺。改革开放以来，新华村结合历史传统和国家、省州对文化旅游产业开发的扶持政策，积极抓住机遇开展民族手工艺品加工。借助本土的产业基础和优越的地理区位（鹤庆作为大理的北大门，是连接大理古城、丽江古城两大国家级历史文化名城的中间环节，南距州府所在地大理市 136 千米，北距丽江市 39 千米。鹤庆县人民政府所在地云鹤镇，距离丽江机场 14 千米，大丽铁路、大丽二级公路、上鹤高速公路等穿境而过，交通便利，是大理、丽江、迪庆、西藏旅游线上的黄金通道），发展旅游工艺品生产和销售，加之新华村素有"泉潭之乡、河泽之乡"的美称，星罗棋布的龙潭、湖泊、泉眼和交织串联的大小河流，构成纵横交错的水系网络，家家有泉眼、户户见流水的风光和浓郁的白族风情相得益彰、引人入胜，这些初步形成了人流聚集和资本聚集的产业发展效应。如今，新华村将民族工艺文化转化为重要的经济资源，形成了"一村一业""一户一品"

的家庭作坊生产格局，不仅带动了旅游产业的进一步蓬勃兴旺，而且极大地促进了经济社会的发展、村民生活水平的提高，探索出独具特色的融合发展之路。新华村常住人口不足 6 000 人，旅游旺季平均每天需要接待来自国内外的上千名游客。由于旅游产品"吃、住、行、游、购、娱"六要素的发展和促进，在新华村传统手工艺品产销两旺的基础上，形成了现代旅游服务业兴盛发展的态势。全村 90% 左右的劳动力直接或间接参与旅游产业发展，以服务业为主的第三产业发展引领"新华人"进入全新的商业经济时代，逐渐形成了"家家有手艺，户户是工厂，一村一业，一户一品"的生产格局，而且其手工艺生产已完全摆脱了自给自足的自然经济条件下的生产模式，逐步进入市场经济体系之中，形成"目标市场明确、产业体系完备，销售手段现代"的市场化发展格局。2022 年，新华村共有近 3 000 户 8 000 余人从事银铜器加工销售，年产值约 31 亿元。通过多年的发展，在沿袭家庭作坊、手工制作、个体经营的基础上，探索出了规模化生产经营的模式，形成了"一户一品、前店后坊""散户+公司"和"电商销售"多种经营格局①。

　　旅游产业的发展，为新华村传统手工艺制品开辟了全新的市场销售渠道，形成了对产业发展强大的规模需求支撑，促进了新华村传统手工业"产、供、销"完整产业链的"自组织"，促进了资源、资本、人才、观念等各类生产要素的自由流动，形成了本地聚集与优化的发展态势。从每年经营白银 100 吨以上的毛料批发户，到从事金、银、铜器等民族传统手工艺品加工制作的家庭作坊；从立足于村内旅游产品销售的村民，到长期定居于拉萨市夺底北路 66 号的 400 余户、近 2 000 人从事银饰品加工和销售的新华村匠人；不仅在拉萨因新华村匠人聚集而形成鹤庆街，而且甘肃、青海、四川、贵州等省份的少数民族地区也都活跃着新华村匠人的身影；随着知识和素质的提升，村内出现年营业额超 200 万元的新兴电商"百银"；在全国的旅游市场上，甚至出现了"只要有旅游商品销售的地方就有新华村银器"的繁荣局面，由于大量海内外游客的到来，新华村金、银、铜器等民族手工艺品销至全国、东南亚及欧美国家，此外火草衣、瓦猫等民间工艺品备受中外游客喜爱。

　　在鹤庆调研期间，我们对中外游客进行了问卷调查，结果显示大多数游客在鹤庆停留的主要原因是去新华村旅游购物。游客在鹤庆的旅游消费中，用于购物的花费比重占到 41%，交通花费占 16%，餐饮花费占 15%，住宿花费占 13%，门票花费占 9%，休闲娱乐花费占 6%，可见鹤庆旅游的主要吸引力是旅游购物。同时，在新华村旅游购物中，购买金、银、铜器制品的游客占 58%，购买云南特色食品的游客占 26%，购买其他旅游商品的游客占 16%。调查还显示，游客在新华

---

① "五色"交辉　特色发展看鹤庆——"银色"造就银都水乡新名片. http://www.heqing.gov.cn/dlzhqx/c102086/202210/8f79cd5aae0a4e2a80587bbce2216365.shtm, 2022-10-12.

村旅游购物中，对新华村金、银、铜器制品质量评价认为"较高"以上的占到 88%，并有 74% 的游客都购买了不同价值的制品；但同时也有半数以上（占 59%）的游客认为制品的价格较高，能够接受的价格在 200～400 元，因此开发更多的符合游客需求的金、银、铜器纪念品应该引起鹤庆的高度重视。

新华村有效利用自己的文化资源，借助旅游产业的发展平台，不仅没有在两个历史文化名城的夹击中被完全屏蔽，反而通过文化与旅游产业融合发展的方式，充分展示自己独特的文化魅力，形成地方特色产业优势，在滇西北旅游精品线路上形成以"旅游购物"为核心产品的旅游目的地，有效地从大理、丽江的客源市场上分流客源，形成自己的核心竞争力和产业发展态势，其模式可总结为：有效利用旅游客源主动流向旅游目的地的空间位移规律，让途经游客对鹤庆，主要是新华村形成"关注"；以自己的核心文化为本底打造在相邻近空间上的产业集聚，形成以手工业为核心、服务业为辅助的产业聚集区，吸引游客停留；以金、银、铜器手工制品为主打产品，利用现代技术进行产品内涵创新及品质提升，促使游客形成对该类产品的偏好直到采取真实购买行为，为新华村的繁荣发展积聚能量。

（2）基层政府及公共文化服务搭建市场平台，整合发展资源，形成与市场需求对接的供给能力。

在新华村的整体发展中，政府公共文化服务发挥了极其重要的作用。首先，政府关注基础教育和人力资本的蓄积，引导当地社区和各类资本投入基础教育环节，为新华村人培育有知识、有文化的下一代，形成对新华村可持续发展的有力支撑，带来更多新技术的运用与制度变革和创新的机会。政府以先期投入的方式引导企业和社会资本进入，由新华村村委会牵头，由大理州银都水乡旅游投资有限公司、鹤庆县草海镇新华民族手工艺品协会组织开展相关技能、知识培训，不断提升村民素质。例如，产业刚起步时，为了提高村民的参与能力，村委会邀请质监部门举办"化学物品无害化处理"培训，引导村民增强环保意识，学会科学处理银器加工中使用的化学用品，切实保护新华村的自然环境；请中央美术学院到新华村开展"中国高级银饰培训班"，参加培训班的 300 多人不仅开阔了眼界，而且发现了自身的不足和努力的方向。部分大学毕业的新华村村民，依托新型电商模式，开起了网店，拓展了销售渠道，做得好的网店一年销售额可达 200 万元。

若想产业化发展，人民素质的不断提升是关键所在。由于市场化发展及与外界的信息交流日益频繁，新华村人逐步认识到知识文化在经济社会可持续发展中的巨大作用，于是想尽办法不断加大教育投入力度，保障教育事业健康快速发展。发展刚有一些成效，新华村就投资 400 多万元建设一所占地 16 亩，功能齐全、设施完善的现代化小学；同时，积极争取资金 17 万元，新建学校学生食堂，购置炊具，解决了本村留守儿童就餐难的问题。由于对教育的重视，新华村每年都能考出几十个大学生。新华村人注重素质提升，主动寻找途径，培养市场经济发展要求的开放、创新、合作、环保等意识。

其次，政府引导分散的生产户和经营户向专业化、产业化方向发展，以行会的方式对当地生产经营者进行有效管理，形成行业自治和自律，保证市场秩序和公平竞争，有效保护创新的积极性和市场的良性发展。新华村注重依托自身优势，加强组织化建设，提高在市场交易中的议价能力。新华村有工艺品加工户 800 多户，从业人员 1 200 余人。2004 年 8 月 30 日，鹤庆县草海镇新华民族手工艺品协会成立。该协会致力于提高新华村手工艺品的质量和知名度，为新华村手工艺品产业化向规模化发展服务，以实现协会发展、产业壮大、群众受益的目标。组织起来的手工业者在行会的引领下，形成了学习型组织，能在有序的管理中更好地实现传承并创新千年银器手工艺文化、加速现代技术与传统手工艺在产品生产中的融合，积极研发新产品，着力打造新华村银器手工艺品牌。2019 年 5 月，鹤庆县在银器小镇挂牌成立了"一会三中心"，切实做到鹤庆银器产品质量过硬，价格合理。"一会三中心"即一个协会——草海镇新华民族手工艺品协会，三个中心——鹤庆县旅游购物退（换）货监理中心、鹤庆县旅游服务投诉受理中心、鹤庆县银饰品检验检测鉴定和质量认证中心。截至 2022 年 11 月，草海镇新华民族手工艺品协会共有会员 121 名，全部加入了鹤庆县旅游购物退（换）货监理中心，"一会三中心"运转良好，为全县的银器产业发展保驾护航。2021 年 5 月，组建了鹤庆县城市管理综合行政执法局草海分局，形成小镇综合管理有效抓手，保障了小镇的良好生产生活秩序。在"一会三中心"的有力保障下，架设了各民族相互诚信交流、诚信经营的"同心桥"，各族游客在银器小镇安心游玩、放心消费①。

再次，政府搭建平台，在宣传悠久手工艺历史文化的同时，塑造鹤庆手工艺品牌形象。在首届中国昆明进出口商品交易会（简称昆交会）上就由新华村村支书带领新华村人销售银器。之后，每届昆交会、中国国际旅游交易会（简称旅交会）鹤庆都组团参加，新华村银器成为主打产品。

最后，政府支持行会履行职能，加强行会的行业管理、监督和引导发展等方面的作用，鼓励行会组织专业培训、生产户评级和产品质量认证等工作，形成标准化生产和统一、稳定的产品质量，为进入更大的市场，对接更广泛的需求形成具有一定水平的供给能力。

（3）不断优化旅游环境，改善基础设施和旅游接待设施，运用新技术、新理念弱化文化和旅游产业融合发展对环境带来的负面影响。

在推进村内的基础设施建设方面，新华村人把握好政府调控的尺度和经济环境的变化趋势。首先，结合各级政府对旅游基础设施、社会主义新农村建设、景

---

① 鹤庆县委统战部. 大理鹤庆：新华银器小镇 | 围绕"六心"，共谱"同心曲". http://www.swtzb.yn.gov.cn/mzzj/gzdt/202211/t20221107_1081670.html，2022-11-07.

区景点的扶持，结合新华村国家 4A 级景区的创建工作，先后投入资金 3 亿元，完成新华村及景区的五大项目：一是实施小桥流水及美化工程，对村内原有小桥流水和排污工程按景区发展需要与村民的生产和生活需求进行改进；二是实施黑龙潭、清水河等水系治理工程，使新华村内及周边的所有水体均达到国家 I 类水质标准；三是启动凤凰山佛教文化区和生态园区建设工程，建立起生态环保屏障；四是实施草海保护工程，累计退田 140 多亩、退鱼塘 241 亩，清淤 7.8 万立方米，改善了湿地水质，有效地保护了湿地的生物多样性；五是实施 4A 级景区服务配套设施建设，包括新华村村中道路、停车场、旅游厕所、排污设施、自来水工程等。其次，结合市场经济运作手段，引入大理州银都水乡旅游投资有限公司开发经营"银都水乡新华村景区"，充分利用各种渠道积极争取并整合资金投入村内上下水、电力、通信、交通、接待等市政设施和公共设施的建设中，不断提高新华村的村内道路、建筑改造、市场拓展等硬件设施建设水平。现在，新华村里菜市场、自动取款机、医院诊所等基础设施一应俱全，有自来水、一级路、太阳能路灯，光纤、宽带都进户。此外，新华村建设了一批高品位的文化工程，在为村民和游客提供学习、休闲、娱乐、观光场所的同时，不断完善城镇功能，丰富城镇内涵，提升城镇品位，增强了城镇魅力。从新华村不离本土的城镇化过程可以看到，政府通过政策宣传、财政支持和制度创新对城镇化起到外推力，当地经济的发展特点和发展水平对城镇化产生内促力和拉动力；自然环境和基础设施建设水平完成城镇化的"硬指标"，而社会文化环境与人口素质对城镇化发挥着"软实力"的作用。内外并重，"软硬"兼顾，新华村人在特色产业的支撑下，生产和生活方式、思维方式从根本上实现现代化。现在新华村的老百姓，幸福指数高，对村庄的认同程度高。

（4）利用新市镇的形成产生资本集聚效应和产业集聚发展态势。政府、企业、家庭多方利益的联动和协调机制保证了新华村在就地城镇化的过程中，各利益相关者公开、公平地分享收益，形成了和谐的人文环境和一系列利于发展的乡规民约，有效地对外部资本形成了吸引力，最终形成了致力于产业发展的新华村资本聚集效应和围绕核心产业的产业集聚发展态势，对周边村落产生了极大的辐射与带动效应，铸就了鹤庆与周边县在竞合关系中的优势地位，发展效益日益显现出来。新华村的发展，还带动了周边十多个村旅游商品加工销售业的快速发展，促进了全县以旅游产业为龙头的服务业迅猛发展。2021 年，鹤庆县共有 1 500 多户加工户从事银手工艺品加工，带动 9 000 多人从业，银器业年销售达 26 亿元，新华村已形成了"前店后坊""一户一艺"的生产销售方式和"户户有手艺，家家有工厂"的生产格局[64]。新华村不再是传统意义上的"村子"，它已经依托"云南旅游名镇"和"中国最大的手工银饰品加工批发销售集散地"两项支柱产业，成为基础设施齐备、人民生活安康、产业兴旺、生态优美的特色城镇。

　　当然，在新华村发展的早期，集约化的生产态势还未形成，专业化分工程度还不高，导致以手工产品加工户为主要生产组织形式的新华村生产效率总体不高，产品品质也相对不够稳定和一致，未在更广泛的市场范围内形成品牌效应。因此，新华村文化与旅游产业融合发展依然任重道远，在此过程中，政府公共文化服务定位准确与否，服务到位与否，程序民主与否将直接关系到发展成效显著与否。

　　此外，政府要关注旅游产业发展对传统文化的影响，要放大良性影响，弱化甚至规避不良影响，如社区居民的普遍生计为手工艺品的生产和销售，是否会使年轻人对学习文化知识缺乏兴趣与动力，把传承手艺作为发展目标；旅游发展过程中各要素供给系统的发展会让人们接触到更多相较于传统手工技艺更容易的致富手段，在比较利益的诱惑下放弃手工技艺的传承，转而进入更能快速致富的餐饮、住宿等旅游行业，从根本上影响传统手工技艺的传承；等等。上述情况显然在今天的新华村是存在的，当地政府要通过非物质文化遗产传承人的保护措施、激励措施，树立通过非物质文化遗产传承致富的典型，有效鼓励年轻人参与手工技艺的学习与传承，社区可以讲座、参观、访谈等方式让非物质文化遗产传承人与新华村的年轻人进行交流，以切身体会说服和带领广大的年轻人参与传承和学习。只有越来越多的年轻人加入非物质文化遗产技艺学习和传承的队伍中，才可能发挥他们年纪轻、学习能力强的优势，在学习并掌握传统手工技艺的同时，为手工技艺不断注入新知识、新技术，才能形成规模化发展的态势，才可能不断推陈出新，吸引消费，同时降低成本，扩大利润空间，发展壮大新华村手工艺品的加工与销售。诸如此类的问题必然是与产业融合发展相生相伴的，无法规避，只能以文化的发展引领人们观念和意识的改变，以产业发展的结果证明文化发展的作用，以此形成旅游产业对文化发展的支撑，文化发展对旅游产业发展的推动。

　　2021 年 8 月 25 日，新华村再获殊荣，成为文化和旅游部、国家发展和改革委员会共同评选的第三批全国乡村旅游重点村，其在引领云南文化与旅游产业融合高质量发展中的典范作用由此可见一斑。

　　2. 同乐村与署明村的发展

　　同乐村地处云南省维西傈僳族自治县，是云南省重点保护古村落，2012 年被列为省级重点文物保护单位。同乐村几乎所有村民都是傈僳族，是典型的傈僳族聚集区，是全球现存唯一保护完整的傈僳族木结构山寨，据说有三百年历史。署明村是省级传统文化生态保护区，是典型的纳西族聚集区，是著名的东巴文化之乡，纳西东巴文化最传统的仪式和技艺在署明村都有保存和传承。两村传统文化及文化空间均保存完好，能够为傈僳族文化、纳西族文化的研究和活态传承提供极好的条件，具有较高的科学研究价值、文化价值、历史价值、艺术审美价值、社会价值及旅游经济价值。只有同乐村傈僳族传统民居保护和文化展示利用工程继续推进，只有将署明村的民族传统文化保护与旅游产业发展融合起来，这些价值才能发挥真实作用，反哺于文化主体。

同乐村和署明村都属于人文底蕴积淀丰厚，自然景观特色鲜明，资源品位和丰度相对较高的地区，若能适度合理开发，则可成为对文化和旅游产业融合发展有助益的稀缺资源。同乐村当地村民参与旅游产业发展的热情高涨，自发性地摸索形成了文化与旅游产业融合发展的文化展示利用方式，且初具成效。但由于同乐村地处云南西部偏远地区，交通条件较为不便，非物质文化遗产的市场转化率较低，未形成规模。2015年起，当地政府陆续聘请专家团队对同乐村传统民居保护与展示利用进行规划和指导，并根据专家建议成立了以村委会为主导的农民合作社，负责对外联络包括国家级非物质文化遗产"阿尺木刮"外出展演、省级非物质文化遗产傈僳手工（织布和草编）展示与销售、研学摄影团队进入同乐村参观体验等"文化＋旅游"和"农业＋旅游"业务，大大提高了同乐村的知名度和影响力，同乐村传统民居和"阿尺木刮"展演照片、旅游攻略在各大旅游平台广泛传播，同乐村日益成为滇西旅游环线上亮眼的站点。

经过几年的文化和旅游产业融合发展，同乐村通过文化保护与展示利用，将传统民族文化融入旅游产品并形成对旅游市场最有吸引力的魅力因素，以非物质文化遗产文化展演、民族手工艺品制作和销售、傈僳山寨参观体验等系列文旅融合、农旅融合产品形成稳定支撑同乐村经济社会发展的文化旅游产业，不仅有效实现了全村致富，还使得传统文化得到了最有效的保护。2019年同乐村被公布为国家级文物保护单位。

受制于偏远的地理位置和相对闭塞的交通条件，署明村一直没能把旅游产业发展起来。虽然署明村也请了专家团队编制规划，指导发展，少数几家村民也开始偶发性地接待摄影爱好者、东巴文化传习爱好者等，但在《传统文化保护区保护规划》公布以后，署明村未对发展路径进行深入细致的研究，致使村子没有完成好文化保护的使命，理应作为传承主体的大量青壮年出于满足基本生活的需求及提高生活水平的目的，逐渐走出村子外出务工，当地传统文化面临传承困难甚至消失的威胁，文化遗产或多或少地遭受着自然和人为的各种侵害，导致地方民族文化价值大打折扣，动态性地进行文化保护与展示利用无法有效实现。因而，能否留住"人"，就成为保护署明村传统文化的核心问题。鉴于当地传统农业生产水平落后，难以满足村民追求现代生活的需求，而旅游产业的大力发展能够有效带动当地村民实现就地就业，推动当地居民生活水平的提高。创新推动文化与旅游产业融合发展是未来署明村传统文化保护与展示利用的新思路。

　　署明村由于地处偏远，产业兴直至村民兴的乡村振兴战略在署明村实现还需时日。和明老东巴在 2016 年春节去世，我们留下了他生前最后一次完整的东巴舞视频，老东巴的孙子和他的伙伴等不到进村参观体验的游客，只能组队进城，继续在东巴谷等景区进行东巴技艺表演。参与旅游产业发展使得他们获得较农业收入更高的经济收入，因此，他们的同龄人中有人继续加入东巴技艺传承的行列，加上当时提出的非物质文化遗产进校园的措施已经逐步在乡镇一级的小学实施，越来越多的孩子开始了解、学习东巴文化。

　　新华村、同乐村、署明村的实例都说明，文化和旅游产业融合发展成为保护文化、有效实现文化市场化的最优路径，但需更加因地制宜地制定发展规划，梳理发展基础，明确发展动力，才能更好地在差异化极大的少数民族各传统聚落中实现保护、传承、发展文化和振兴乡村的共同目标。

　　文化是旅游的灵魂，旅游又是展示和传承文化的重要形式。从多地发展的实践来看，文化保护与旅游产业发展之间没有必然矛盾，尽管在旅游产业发展过程中，也会伴随着旅游产业发展对传统文化的一些负面影响，但更主要的是以"文旅融合"的方式实现了在传统文化保护前提下的良性发展和合理利用，实现了文化的市场价值，反哺了文化主体及所根植的社区，激发了文化主体对文化的自豪感和保护的主动性。旅游与文化本应就是互动共生的，从旅游产业发展的角度看，文化提升旅游的内涵和品质；从文化发展的角度看，旅游提供文化市场化的捷径。

第三节　　分析与思考

一、传统文化与旅游产业融合的基本条件

　　云南传统文化吸引目标游客的最大看点，在于传统文化所内含的反映各族先民面对自然和面对社会所持的基本观念——天人合一、天地人和，而不是这种观念所借以表达的各种形式，如歌舞、服饰、婚俗、礼拜仪式等。

　　人与自然、人与人两大关系，是人类社会自诞生以来必须面对的两大主题。处理这两大关系的方式，反映了不同民族、不同人群和不同个人对生活的基本态度。因此，对于这两大主题的探索、思考和回答，具有超越民族、超越国家的普遍的人性意义。它的每一个合理表达都会引起人们心灵的震颤与共鸣。

　　当初，外国游客进入云南少数民族地区参观时，他们看中的并不是少数民族群众的歌舞表演，因为这些表演并非很出色、很有艺术魅力，如果要追求艺术魅力，游客大可不必迢迢千里到云南大山里来；他们看中的也不是当地秀丽的自然风光，

虽然当地风光自有其特色，但世界各地并不缺少绮丽的自然风光。他们看中的是当地人与人、人与自然和谐相处所构成的人间美景，而这并不是到处都有的。

因此，天人合一、天地人和，正是传统文化内在价值之所在。传统文化的各种表现形式或展示形式，只是这种内在价值的外在表现。不能把表现形式的新奇性当作文化旅游业的主要看点，否则，就会颠倒主次，扭曲传统文化的价值，反而会弄巧成拙，导致游客反感。因此，保持传统文化内在的价值性，是传统文化与旅游产业长久融合的基本条件。

进一步看，旅游产业的价值追求与传统文化的内在价值存在着一定的矛盾。旅游产业追求的是商业价值、市场价值，传统文化追求的是人文价值，两者并非同一概念，它们是有冲突的。如何协调两者间的关系是一个问题。

二、传统文化与旅游产业融合的负面效应

社会的开放性增强，商业文化、消费文化的强大示范作用拉动民族传统文化向同质化方向发展，少数民族传统艺术即便在原生地也成了稀缺之物[65]。

旅游产业作为云南的新兴支柱产业，给云南这样基础薄弱但资源富集的区域带来了通过特色产业实现跨越式发展的可能。但由于云南的旅游产业发展整体而言还处在大众旅游向休闲旅游过渡的阶段，大众化、低层次、低品质和低价格的旅游产品依然能够基本满足市场需求，大量短视的旅游企业无暇考虑未来的发展，更不愿意投资于市场预期不确定的文化型、个性化的小众旅游产品，因此文化与旅游产业融合发展的经济优势不明显，加之云南本土远离经济发达地区和主要旅游客源市场，旅游交通成本较高，旅游文化骨干企业和重点企业不多，旅游产业与文化产业协同互动明显不足，对游客招徕和相关行业带动发展还比较薄弱。由于云南旅游产业发展优势不明显，加之国内旅游文化人才市场不健全，相关人才还不能实现完全市场化配置，造成文化和旅游产业的融合发展因人力资本匮乏而发展受限。逐利的市场本身难以解决类似问题，需要市场以外的制度安排。

西双版纳傣族自治州位于云南西南端，与老挝、缅甸接壤，全长966.3千米的边境线大约占云南边境线总长度的四分之一，16个民族（傣族、壮族、苗族、景颇族、瑶族、哈尼族、德昂族、佤族、拉祜族、彝族、阿昌族、傈僳族、布依族、怒族、布朗族、独龙族）跨境而居，并与境外长期保持着探亲访友、赶集互市、通婚结亲、节日聚会等关系。随着旅游产业的不断发展，居民收入水平明显提高，在生活水平得到明显改善的同时也改变了传统的生计方式，邻里关系、宗教信仰、价值观念均受到了前所未有的挑战，民族文化面临重构。笔者对世代居住在"傣族园"中的傣族群众进行调查时发现，旅游产业带来的经济收入促使傣族群众转向发展旅游产业而逐渐放弃了传统的稻作经济。生产方

式的转变导致价值观念、宗教信仰和语言习俗都发生了变化。当然，"傣族园"的经营收益也让当地很多年轻人比老一辈人懂得学习知识的重要性，他们积极参加旅游服务工作，主动学习相关技能，提升自己的知识水平。"傣族园"的经营企业还直接把云南大学相关专业的教师请到园区，为园区中的年轻人举办学历教育和技能培训班，已经有相当数量的人通过学习获得大专学历并学到了相关的知识和技能。但旅游产业带来的商品经济意识和商业化运作手段无疑对民族或族群成员的文化心理和民族感情产生了一定的消极影响，而且会随着时间的推移愈加凸显。这也成为旅游产业发展极难解决的"两难"矛盾，成为旅游产业与文化融合发展中不得不面对的实际问题。

三、传统文化与其他产业融合的可能性

传统文化与旅游产业的融合，实现了传统文化内在价值向市场价值的转化，吸引了政府与民众的广泛参与，取得了较好的经济和社会效益，成为云南文化市场化变革的一个突出的、成功的例子。

不过，从理论上说，文化作为一个民族的灵魂，它会渗透到经济社会生活的各个方面，当然也会通过经济社会生活的各个方面来获得自己的表现形式。因此，传统文化与其他产业融合的可能性是客观存在的。例如，传统文化与电影、电视、艺术、网络、出版等文化产业的融合，传统文化与饮食、服装、家居、建筑等制造业的融合，都是可能的。问题在于这些产业的发展除了文化因素外，还受制于其他专业性、投资性、制度性因素，不可能像旅游产业那样获得民众的广泛参与，也不可能像旅游产业那样"立竿见影"地获得投资回报。

然而，探索还是必要的。因为旅游产业只是用展示的方式来表现传统文化的价值，这是一种浅层次的开发利用方式。能持续多久，还是一个问题。

与教育产业的融合可能是另外一种方式。"国学热"的兴起说明传统文化中可以支撑现代文化体系发展的要素或者消解现代人烦闷、消除浮躁心绪的作用不容忽视。因此，小学生背诵《三字经》《论语》等变得较为普遍。教育的功能在于教化人、塑造人，向传统文化求助，证明即使历经数千年，传统文化中的精华对现代人仍然有着强烈的影响力和较强的实践指导意义。因此，可以把文化与教育产业融合，将对现代人生活规范有指导意义的国学讲座和课程，针对不同人群进行宣讲与分享，逐步使其影响深入人心，达到教化和规范的作用。融合发展的成效一方面要取决于市场需求，以市场效益最终评定融合效果；另一方面需要政府搭建公共文化服务平台，提供信息服务、市场监管服务，同时进行制度安排，特别是在融合发展的初期为融合发展的两个产业规避风险。

第七章 云南文化发展面临的挑战与路径选择

云南文化是中国文化中最具特色的板块，其发展在改革开放的四十多年里实现了质的飞跃。前述无论是发展的现实，还是成功的范例，都反映了云南文化市场化变革的成就。但是，面对经济全球化和文化全球化的挑战，云南文化发展的特殊问题日益突出，甚至成为推进全面市场化不得不克服的困难和障碍。也正因为云南文化发展有着不能回避的特殊性，在文化发展过程中，我们更应该关注的不是文化产业增加值占地区生产总值的比重，而是通过文化发展，尤其是文化生产和消费，有没有提升边疆民族地区的民众道德水平，有没有使其增长知识，有没有保护传统文化，让文化发展惠及更多"少、边"地区的群体。

第一节 云南文化发展面临的特殊性

一、经济发展相对滞后

冈纳·缪尔达尔（Gunnar Myrdal，1974 年荣获诺贝尔经济学奖）提出了著名的回波效应和扩散效应。回波效应是指经济活动正在扩张的地点和地区将会从其他地区吸引净人口流入、资本流入和贸易活动，从而加快自身发展，并使其周边地区发展速度降低；扩散效应是指所有位于经济扩张中心的周围地区，都会随着扩张中心地区基础设施的改善等情况，从中心地区获得资本、人才等，并被刺激以促进本地区的发展，逐步赶上中心地区[66]。

缪尔达尔认为，社会经济发展过程是一个动态的各种因素（其中包括产出与收入、生产和生活水平、制度和政策六大因素）相互作用、互为因果、循环积累的非均衡发展过程。任何一个因素"起始的变化"会引致其他因素相应变化，并促成初始因素的"第二级强化运动"。如此循环往复地累积，导致经济过程沿初始因素的发展方向发展，进而提出两种循环积累因果运动及其正负效应：一种是发达地区（增长极）对周围落后地区的阻碍作用或不利影响，即回波效应，促进各种生产要素向增长极的回流和聚集，产生一种扩大地区间经济发展差距的运动趋势；另一种是对周围落后地区的推动作用或有利影响，即扩散效应，促成各种生产要素在一定发展阶段上从增长极向周围不发达地区扩散，从而产生一种缩小地区间经济发展差距的运动趋势[67]。

　　由于市场机制的作用，回波效应总是先于和大于扩散效应，因为一个区域的发展速度一旦超过了平均发展速度，这一区域就获得了连续积累的竞争优势，市场的力量通常倾向增加而不是减少区域经济差异，即在市场机制作用下，发达地区在发展过程中不断积累对自己有利的因素，而落后地区则不断积累对自己不利的因素。因此，循环积累因果的作用使经济在空间上出现了"地理二元经济"结构，即经济发达地区和经济不发达地区同时存在。

　　这一方面有着历史和自然的原因，西部各省（区、市）传统上属于较中心地带偏远的地区，文化发展与主流文化不同步，加之交通不便，信息不畅，使得文化发展的迟滞最终形成了经济社会发展滞后的主要原因；另一方面，回波效应使得像云南一样的西部地区日益面临人口净流出、资金和技术匮乏等发展短板，经济发展速度明显滞后于中部和东部地区。

　　回波效应对云南这样相对欠发达地区的负面影响即便是在改革开放四十多年以后，即便周边地区已经形成经济增长的良好态势，它们也不能以较小的扩散效应快速地扭转滞后的发展局面，改变经济发展劣势，其经济欠发达同时影响未来发展的几个指征主要如下。

　　1. 产业结构矛盾突出，缺乏工业化、产业化发展的坚实基础

　　笔者选取云南与四川、全国、西部地区 2009～2020 年三次产业结构比例做比较（表 7.1），说明云南与四川、西部地区、全国水平相比，国民经济发展水平存在较大差距，三次产业中，第二产业所占比重明显低于同期全国、西部地区和四川的水平，缺乏工业化发展的坚实基础。没有工业化作为经济快速发展的坚实基础，直接导致云南与经济发达地区的差距不会在短时间内消除，再不因地制宜地调整产业结构，找到适合云南经济社会全面发展的出路，边疆民族地区经济发展滞后的局面就很难改变。

表 7.1　全国、西部地区、四川、云南三次产业结构比例比较

年份	区域			
	全国	西部地区	四川	云南
2009	10.6：46.8：42	13.8：47.6：38.6	15.8：47.4：36.8	17.3：41.8：40.9
2010	14.2：55.3：30.5	13.0：44.8：42.2	14.7：50.7：34.6	15.3：44.7：40.0
2011	—	13.9：49.8：36.3	14.2：52.4：33.4	16.1：45.6：38.3
2012	10.1：45.3：43.6	12.8：51.7：35.5	13.8：52.8：33.4	16.0：42.9：41.1
2013	10.0：43.9：46.1	—	13.0：51.7：35.3	16.2：42.0：41.8
2014	9.2：42.6：48.2	—	12.4：50.9：36.7	15.5：41.2：43.3
2015	9.0：40.5：50.5	—	—	15.0：40.0：45.0

续表

年份	区域			
	全国	西部地区	四川	云南
2016	8.6：39.8：51.6	—	12.0：42.6：45.4	14.8：39.0：46.2
2017	7.9：40.5：51.6	—	11.6：38.7：49.7	14.0：38.6：47.4
2018	7.2：40.7：52.2	—	10.9：37.7：51.4	14.0：38.9：47.1
2019	7.1：39.0：53.9	—	10.3：37.3：52.4	13.1：34.3：52.6
2020	7.7：37.8：54.5	—	11.4：36.2：52.4	14.7：33.8：51.5

资料来源：根据《云南省国民经济和社会发展统计公报》（2009～2020 年）、《四川省国民经济和社会发展统计公报》（2009～2020 年）、《中华人民共和国国民经济和社会发展统计公报》（2009～2020 年）、《中国西部发展报告》（2009～2012 年）的相关数据整理而得

2. 省域范围内区域发展严重不平衡，难以形成统一大市场和一体化发展格局[54~56]

省域范围内区域发展严重不平衡。云南是多民族省份，少数民族人口高达 1 621 万人，占全省总人口的 33.6%；有 8 个自治州、29 个自治县，民族自治地方涉及 78 个县（市、区），民族自治地区土地面积占全省总面积的 70.2%。云南是全国特有民族最多、跨境民族最多、民族自治地方最多的省份①。2010 年，民族自治地区贡献的地区生产总值只占云南的 38.8%，到 2021 年占比只有 33.3%，与其所占土地面积及人口规模不相匹配（表 7.2、表 7.3）。

表 7.2　2010 年云南民族自治地区及全省经济发展情况比较

区域	地区生产总值/亿元	人均地区生产总值/元	社会消费品零售总额/亿元	一般财政收入/亿元	一般预算支出/亿元	固定资产投资总额/亿元
全省	7 220.14	12 346	2 500.25	871.19	2 285.57	5 528.71
民族自治地区	2 799.22	15 749	855.77	226.66	887.29	2 709.5

资料来源：根据《2011 年云南统计年鉴》的相关数据整理而得

表 7.3　2021 年云南民族自治地区及全省经济发展状况比较

区域	地区生产总值/亿元	人均地区生产总值/元	社会消费品零售总额/亿元	一般财政收入/亿元	一般预算支出/亿元	固定资产投资增长速度
云南省	27 146.76	57 686	10 731.8	2 278.29	6 634.36	4.00%
8 个少数民族自治州总和	9 041.74	426 684	3 470.52	552.11	2 066.25	—

资料来源：根据《2022 年云南省统计年鉴》相关数据整理计算而得

---

① 李正洪. 云南"民族"基本新省情的丰富内涵. http://www.mzb.com.cn/html/report/200732291-1.htm，2020-07-23.

2010 年，民族自治地方 7 360 个建制村中，通自来水村数 6 909 个，通公路村数 7 295 个，通电话村数 7 155 个，通电村数 7 331 个，分别占建制村总数的 93.9%、99.1%、97.2%、99.6%，城镇化率仅有 27.3%[58]。上述指标并不能全面反映边疆民族地区的经济社会发展情况，但足以说明云南省域范围内区域发展极不平衡，大量民族自治地区、边境民族地区也是传统意义上的"少、边"地区，较省内其他区域发展明显滞后。因此，云南文化市场化不能"一刀切"，在有序推进过程中还必须在相当一段时间内对"少、边"地区通过公共服务、公共产品的形式予以扶持与保护。

2020 年以后，上述情况得到明显改善，已全面消除贫困但是总体情况相较其他省区市仍不容乐观。

3. 教育水平滞后，制约经济社会全面发展

现代化产业发展往往呈现出高技术和高文化相结合的特征，需要有知识、懂技术的人才，但目前云南教育水平滞后形成了低技术、低层次的劳动力闲置，高技术、高层次的劳动力紧缺的矛盾局面。加之整个产业结构中先进产业与传统产业并存，人才匮乏使得先进产业的经验与技术无法向传统产业扩散和传递，再加上与经济基础、工业化发展水平密切相关的社会事业发展严重滞后，难以对国内其他地区和国外高技术人才形成吸引力，致使云南变成西部地区甚至全国较为落后的省域之一。

少数民族地区自然条件差异大，各民族在历史上因地制宜地创造了多种多样的生产方式，如山区农业、灌溉农业、民族饮食业、旅游业和民族文化产业等。不同的生产方式反映了各民族对自己不同生存环境和社会环境之间特定关系的认知，是我们发展民族地区经济的基础。由于民族地区在经济发展方面的这些特殊性，在促进民族地区构建和谐社会中，必须对这些特殊性予以高度重视，结合发展实际和发展阶段的差异性，逐步加快民族地区经济发展，重视民族地区多样化生产方式对区域经济发展的作用。

第一，必须高度重视并加快边疆民族地区经济发展[67]。经济发展是民族地区各种社会问题解决的关键。现阶段我国民族地区的社会矛盾主要是少数民族和民族地区迫切要求加快经济文化发展和自我发展能力不足的矛盾。只有加快发展，民族地区的各种问题才能得到解决；只有加快发展，才能调动民族地区干部和群众的积极性，才能保持民族地区的社会稳定。

第二，要高度重视民族地区特有的多元生产方式对本地经济社会发展的重要作用。目前，像云南这样的少数民族边疆地区经济发展遇到的一大难题是既要加快发展又要保持人与自然的协调。过去的发展思路是照搬工业化和城市化的道路，但多年来民族地区与发达地区之间差距进一步扩大，生态环境进一步恶化的

事实都证明了上述发展思路的局限性。加之边疆民族地区本身就缺乏工业化发展的基础，这样的发展模式不符合云南实际。在漫长的发展进程中，边疆民族地区的多元传统生产方式已经被证明具有很好的适应性，能在较好保证当地居民生计的前提下保持水土、保护生态环境。无论是原有的山地农业、灌溉农业，还是新近发展起来的生态旅游业、文化旅游业、生态观光农业等都包含了许多因地制宜的生产经验和人与自然、社会协调发展的智慧，这些经验与智慧来自当地居民与大自然长期和谐相处的生产和生活实践，经受了历史的考验。未来，在考虑云南这样的少数民族边疆地区的发展方略，选择发展路径的时候，也不应以现代工业完全替代传统农业，以城市完全取代乡村。前述各种范例已经有力地证明了民族地区新兴的生态旅游业、文化旅游业、生态观光农业、民族手工业的迅速发展可以带动民族地区经济社会的迅速发展，同时能有效有序地利用当地优势资源，显现出云南这样的资源依托型省份在现代化发展进程中的比较优势，体现了民族地区多元传统生产方式与现代化发展环境相结合的新的生命力。更为重要的是，这种传统与现代的完美对接，是对传统多元民族生产方式的继承与创新，保护了传统文化中的精华部分，激发了各民族社区自我发展的活力与可能性，对解决上述难题具有较强的实践意义，甚至可能创造后发地区"由后变先"的发展成效。

　　第三，边疆民族地区的资源配置要在强化市场效率的基础上兼顾公平，尤其是在云南这样的边疆少数民族地区，传统上汉族与各少数民族之间，以及各少数民族之间的和谐共处、互帮互利是有深厚的历史积淀的，已经形成了良好的传统和影响广泛的民风。但近年来，随着市场经济的发展，"重义轻利"的传统价值观受到冲击，部分地区因草场、森林、水源、土地、矿产资源的开发导致的纷争时有发生。市场自发的调节会形成"马太效应"，使得先发地区、先发社区和先发民族分享到更多的市场经济发展利益，加剧"先发与后发"之间的差距，弱化"先发"的示范作用、带动作用和辐射作用。为弥合差距，鼓励"后发"，现阶段以政府为主导的发展方式更应该强调在民族地区经济社会发展过程中，对后发区域和弱势群体的关照与倾斜，要有效利用法律法规保护各民族的基本权益，要尊重各民族人民的意愿，在资源配置与开发利用中对各民族的诉求予以关照，坚持民主法制和公平正义的原则，使各民族能够在发展中受益，使发展不危害各族人民的传统生境，这样才能在发展中构建民族地区的社会和谐。

二、民族众多

　　云南共有 56 个民族，5 000 人以上的世居少数民族 25 个，其中，与境外同一民族毗邻而居的少数民族 16 个，特有少数民族 15 个，人口较少民族 8 个。根据第七次全国人口普查公布数据，云南的人口中，汉族人口为 3 157.3 万人，占总人口的 66.88%；各少数民族人口为 1 563.6 万人，占总人口的 33.12%。云南是全国世居少数民族最多的省份。

云南多民族"大杂居、小聚居"的现实状态和复杂的自然地理环境形成了云南民族文化的多样性。多样性是民族国家公民权利和自由受到保护的必然结果[68]。一方面，多样性有利于各民族之间互相学习，互相吸引，取长补短，在相互交流中得到发展，实现文化生态平衡和整体发展，从根本上有助于实现民族地区的社会和谐；另一方面，这种多样性、复杂性导致云南本身经济社会发展过程的复杂性，不同民族的文化差异可能会导致民族之间的排斥、冲突，产生民族矛盾和问题，给民族地区构建和谐社会增加困难，同时，各民族之间还存在历史和现实原因共同造成的发展阶段不一等特殊问题，致使其对市场化的接受程度，对市场化的融入程度，以及对公共服务的需求是不一样的，这种复杂性与特殊性在全国范围内并不多见。因此，要逐步推进市场化，并有层次、有重点、有针对性地提供满足其真正需求的公共文化服务，促进各族群众都能以文化发展引领其现代化转变，实现从无到有、由后变先的跨越式发展，就必须对云南全域范围内的各族群众进行分类，只有将他们划分成具有相似性的群组，才有可能分门别类地引导、支持、保护其逐步实现市场化、城镇化。

与前述内容相对应，根据各民族迁徙、融合、主要居住地环境、生产传统、生活习惯等因素可把云南各主要民族划分为以下几类。

1. 移民群体

这类民族群体中即便是占云南总人口绝大多数的汉族，也是在唐宋元时期大量以移民屯垦的方式入驻边疆的。进入云南境内以后，他们既带来了先进的生产方式和生活习惯，同时也因地制宜，与当地居民和早先进入云南地区的各族群体相互融合、相互学习，形成了今天与中原地区汉族等群体完全不一样的生活习惯与鲜明个性。例如，这些群体中的蒙古族，初期进入的人口数量并不多，因此受到当地居民和其他先期进入民族的影响比较大，广泛地在各族群体中实现通商、通婚，甚至语言和生活习俗都趋于近似化，历经几代人的变迁，不仅人体特征趋同，语言基本一样，很多习惯也发生了改变。

由于最初的迁徙路径和进入后勇于改造环境的精神，移民群体现在大多居住在城镇或坝区，自然环境优渥，交通相对便利。早期移民带来了传统的手工，如纺织和冶炼，也保留了经商的传统，甚至不畏艰险地把自己生产和收集到的农特产品、手工制品送往远方，形成了茶马古道等古代云南通往外界的商贸古道；他们还保留了读书识字的学习传统，使得他们可以不断从与他族的交流中获得有益于发展的信息和知识，并使本民族的社会、经济、文化、教育发生近现代性质的变化，如丽江古城四方街牌坊上的"天雨流芳"四个字就是纳西语"去读书吧"的音译。在纳西族很多家族的家谱上，都记录着早年从北方南迁的历史。这种继承自己优秀传统并兼容并蓄各族文化的发展历程，使得他们无论是在经济方面，还是在社会文化方面，都走在其他民族前边。这些民族在云南省内分布广泛，人口众多，经济较为发达，因而这种吸纳变迁的文化发展模式，在云南民族文化的近代转型变迁中占据主导地位。

由于发展基础相对较好，文化融入能力相对较强，这些民族群体在市场化进程中走在云南各族群众的前列，可以他们作为市场化进程的典范，带动更多群体的现代化转型。同时，在促进先进文化对其传统文化的创新发展过程中，政府公共文化服务的需求更应着力于市场规范的执行、市场行为的监督和全媒体时代各族群体文化的公平展示与良性竞合关系的塑造。这既符合他们自身在云南发展的历史特点，也更能满足他们在知识经济时代实现自我发展的需求。

2. 少数民族

尽管从人口规模上看，除汉族外，云南其他各族群体都是少数民族，但从实际发展情况来看，地处山区、半山区，自然条件相对较差，交通闭塞的民族才是真正意义上的"少数民族"。由于地处偏远，山高水急，人口的流动性及社会的开放程度一直很低。少数民族与汉族和其他民族的交流相对困难，但与土地的关系特别密切，因此当地群众主要以农业为生计，生产效益相对较差，区域经济和社会文化的乡土性和封闭性极为突出，其文化发展历程极其缓慢，文化转型发展一直到中华人民共和国成立以后才开始。例如，独龙族、基诺族、部分彝族等。这些民族大都是"直过"民族，其在发展过程中基本处于封闭自给状态，缺乏对市场的基本认知，更缺乏基于教育基础的文化可行能力，导致其无论是经济还是社会文化都长期处于发展的低位态势，甚至与现代化进程脱节，制约他们利用现代市场经济的发展机会，提升自我发展能力，实现跨越式发展。

推动他们走进文明进步的序列正好符合他们自身发展的要求，也可借此发展进程，让他们有更多展示自己的生产和生活及文化精髓的机会。全媒体时代的技术进步为这些少数民族的文化展示和符号系统的创新提供了平台。

针对这些民族群体的发展实际，应该对他们采取"宽厚包容"的策略。一方面，加大公共文化服务对这部分少数民族群体在相当一段时间内的支持和保护，切实保障他们拥有和大多数群体一样的民族建构权利，帮助他们尽快实现传统文化的创新发展，并在市场化进程中寻找切实可行的突破口，以经济发展促进文化发展，以文化发展促进整个民族群体的全面发展；另一方面，引导他们逐步参与市场化发展序列，以市场价值激发文化主体发展文化的主动性、自觉性和积极性，培育各族群体自我传承本民族传统文化的能力。在以社会文化发展为主导，推动民族建构的过程中，在共同社会语言的学习与实践中，促进他们民族身份的自我建构与完善。

3. 有传统宗教和民间信仰的民族群体

有传统宗教信仰的民族群体，主要是指现在居住在边疆地区，整体表现出稳定的性格和民族思想，虽然受到西方文化的冲击，但民族宗教文化传统并未发生解体的民族。他们也经历了一个传统宗教本土化的过程，形成了顺应本土自然、社会发展环境和条件的一些宗教文化特征。例如，傣族、德昂族、布朗族、阿昌族等民族普遍信仰南传上座部佛教。其中，阿昌族还保留着多种宗教并存的状态。除了南传佛教，还有祖先崇拜和道教等，因此村寨中除了供佛，普遍供奉寨神，有的村寨还会供奉关羽、财神等。阿昌族居住在德宏傣族景颇族自治州梁河县，虽然没有自己的语言文字，但通过口耳相传的方式积累了丰富的文学艺术作品，几乎全民信教。由于其文化乡土性观念很重，外来文化对其固有传统不会产生太大影响。

这些有着传统宗教信仰的民族群体，与其他民族群体一样，忠于国家，渴望发展，唯独要求给予他们以传统宗教信仰为核心的传统文化尊重，如藏族。此外，即使是在这些民族聚居区内出现本民族对其他宗教的绝对信仰，也不会由此而遭到同族的不满，反而因此能偏安一隅，虔诚信教，并以此作为当地社区稳定发展的主要精神支柱，如怒江傈僳族自治州内信仰基督教和原始宗教的傈僳族和迪庆藏族自治州德钦县茨中村信仰基督教的藏族。

对于这类民族群体，政府在引导其进入市场化发展序列，满足其现代化转型需求的同时，更应给予其宗教信仰自由的宽容保证，允许其在国家允许的范围内举行合法的宗教仪式，进行合法的宗教宣传，庆祝宗教节日。同时，在引导其学习共同语言以便对接社会文化的同时，给予其传承本民族语言的自由，体现对其传统文化的足够尊重与宽容。

4. 跨境民族

这些民族大多居住在距离中心城市较远的地区，早年没有文字，传统文化积淀较浅，未能形成本民族系统完备的宗教体系，社会经济发展水平较低，尤其是山地民族。例如，怒族、傈僳族、苗族等民族，由于长期受到封建统治阶级的剥削和压迫，被驱散或者被赶进深山老林，为了保存自己和防止被汉族同化，对外来文化采取质疑态度，客观上形成了比较封闭的民族心理，加之交通闭塞，造成中华人民共和国成立前几乎与世隔绝的状态，也使得他们的经济社会发展明显滞后于其他民族。在社会进化过程当中，20世纪初西方传教士来到这些民族聚落开始传教。于是，他们一方面保存本民族的语言、服饰和风俗习惯等文化因素，另一方面也保存一部分自然崇拜等民间信仰，但还是逐步发展成为以基督教信仰为主，并且开始有了自己的文字。西方文化教育和医疗卫生事业也在当地兴办起来。基督教宣传的勤俭节约、戒酒、一夫一妻的观念也被各族群众接受，杀牲祭鬼等风俗得到了有效遏制。由于与边境另一边的民族同宗、同源，无障碍的语言交流，相似的生产和生活习惯，他们即便跨境而居，也有着天然的亲近感，因此境内外的公开贸易交往、宗教交往及民间交往都比较普遍。

对于这类民族群体，应该首先强调以经济发展来引领其整体进步，以此形成对边境另一边较具竞争力国家和民族群体的辐射力和吸引力，在边境地区适度形成回波效应和扩散效应。为了实现这个目标，公共文化服务一方面应该进行有利于民族发展和区域经济实力提升的边贸制度安排，规范边境市场，促进边贸发展的同时培育正常的市场竞合关系，以此塑造云南乃至中国在边境地区的优势地位，提升大国形象；另一方面，要在跨境民族内部加大文化建设力度，以基础教育配合职业教育和专项教育培训的方式，逐步提高跨境民族的文化素质和参与市场化运行的能力，在市场竞争中显现出以文化为基础，以技术为途径的比较竞争优势。同时，通过省域范围内文化产业的发展，以品类繁多、内容丰富、品质卓越的文化产品输出，形成对上述边境国家和地区的文化辐射，从根本上奠定云南在面向南亚、东南亚全球化竞争中的优势地位。

国家已经在"民族建构"的过程中，促进共同语言和共同成员的资格感，促进享用社会制度——它们的运作依靠这种共同语言的平等机会。官方语言、教育核心课程、获取公民资格的条件——对这些事情的决定都立足于这样一个企图，在全社会扩展某一特殊文化，并且基于对这种社会文化的参与去促进特定的民族身份[68]。这也是全球化在精神层面的具体要求，即落实民族地区的公民文化权利，促进全民族文化发展。各族群众已经在国家的"民族建构"过程中逐步分享社会文化发展的成果，越来越充分地享有公民资格所赋予的权利，尤其是文化权利。但各群体间的差异性，形成云南文化发展的特殊性，也对云南文化发展的市场化进程及贯穿于此过程中的公共文化服务提出了特殊的要求。

因此，无论是市场化还是政府公共文化服务，在云南文化发展中的作用发挥都必须遵循以下原则。

第一，要尊重省域范围内各民族的文化，这是以人为本、公平正义的具体体现[69]。只有充分尊重各民族的文化，才能实现各少数民族之间、汉族与少数民族之间的平等团结，才能充分调动和有力激发各民族人民参与现代化发展的积极性、主动性和创造性，在实现民族地区和谐发展的过程中逐步形成自我发展的能力。

第二，要保护民族文化。民族文化不仅是民族传统和历史素质的体现，更是各民族实现现代化转型的基础。现代化的发展不能完全摒弃民族传统文化，不能完全抛弃传统的生产和生活方式。如前所述，民族文化是各民族群体在长期的生产和生活实践中形成的集体智慧结晶，任由传统文化衰落、消亡，就可能使各民族群体失去发展依托的根基，失去自己群体识别和区别于其他民族群体的标识。因此，要加大对民族文化的保护力度，对保护予以应有的政策倾斜和投入，为民族文化尤其是民族传统文化寻找现代化发展路径提供条件和保障，以使各民族逐步有序完成现代化转型，而这个目标的实现，是以文化的保护与发展为先导的。

第三，要实现民族文化的现代化发展。对民族文化仅仅给予保护显然难以适应现代化发展的要求，同时也难以实现民族文化资源与市场化发展的对接，难以实现其商业价值以有效回馈文化主体。因此，在保护的同时，要努力寻求云南各民族传统文化的现代化发展路径，"在发展中保护"应该是未来民族文化现代化进程的主导思想。"少数民族地区文化的发展，实质是原有民族文化的发展；少数民族地区思想文化的现代化是原有各民族思想文化的现代化。"[70]现代文化产业"高文化"与"高科技"相结合的发展基础，文化与旅游产业融合发展的态势都为民族地区文化发展提供了更为广阔的空间和更多可资利用的平台、技术和手段，为民族文化现代化发展中保护其"所指"，创新其"能指"提供了充分的条件与保障，即可以在发展中实现传承与保护。

三、地处边疆

云南有 8 个边境地州（市），其中 5 个是民族自治州。有 25 个边境县（市），其中 22 个是民族自治县或民族自治地方县（市）。2020 年，边境县（市）总人口676.24 万人，约占云南总人口的 14.32%，其中边境县（市）少数民族人口约占边境县总人口的 60%，占云南少数民族人口的四分之一①。

在现代民族国家的场域空间中，边疆历来都是极为特殊和敏感的区域。这一区域往往处于较中心地区而言的边缘地区，历史和现实造就其多处于国家主流文化边缘的格局。在民族国家之间，边疆更是作为缓冲带，同时受到来自国内、国外两方面的文化冲击和文化影响，由此形成边疆民族地区不稳定问题，也存在引发国内冲突和国家分裂的隐患。长期以来，边疆地区的稳定问题是各民族政府不得不面对的维护国家长治久安的大问题，各国也试图通过一些扶持政策及实施特殊的治理模式构建边疆稳定的态势，我国政府也不例外。历史上长期形成的我国边疆地区多民族聚居的状况，各民族间文化和民族心理差异较大，加之周边地缘政治较复杂，形成了我国边疆民族地区问题与生俱来的复杂性。

① 资料来源：根据《2021 年云南统计年鉴》计算整理而得。

云南边疆地区是民族国家场域空间内的特殊区域，正如前文所述，这里是国家与国家之间的缓冲地带，经受着来自国内、国外两方面的影响与冲击。在现代化进程中，这里的各民族尤其是跨境民族开始接受前所未有的现代意识，开始目睹翻天覆地的社会变化，开始将自己的生活现状同发达地区的人群进行比较，他们渴望改变，渴望致富，渴望离开家乡去看看外面的世界。

跨境民族一般是指具有共同族源，此后由于迁徙和国界变动等分别居住在两个或两个以上相邻国家的同一民族或族群，他们的语言和文化基本相同[70]。云南跨境民族或族群主要有壮族、傣族、布依族、苗族、瑶族、彝族、哈尼族、景颇族、佤族、布朗族、德昂族及克木人、莽人等近20个，在长期的历史交往中呈现出"大杂居、小聚居"的特点。对于从各自不同的社会形态经过"跨越式"发展进入现代文化发展进程的云南跨境民族而言，当前面临着全球化与现代化的双重挑战。特殊的自然环境和历史因素导致上述跨境民族的主要聚居区域社会经济发展严重滞后，在现代工业文明的冲击下，其生计方式、社会结构、宗教信仰、家庭模式，以及语言、服饰、习俗等传统文化如何切入现代化转型的发展进程，实现新形势下的持续发展，成为关乎各跨境民族群众切身利益的重点和难点问题。

全球化背景下的中国越来越与世界体系接轨，这使得边疆地区民族前所未有地与外部世界紧密地联系在一起，边疆地区民族也前所未有地接收到来自国外的信息，参与到全球化背景下的文化交流与对话中，通过与周边民族或者周边地区各民族生活状况的比较，边疆地区各民族深刻地感受到自己与主流文化、主流社会间的差异。自中华人民共和国成立以来我国就长期坚持推行的民族区域自治政策使得边疆民族地区在70多年的时间里获得了长足的发展，经济社会的发展成就有目共睹。但是长期以来边疆地区民族在政策执行中的不完全性、不确定性及不适应性使得公共服务提供的政策支持与经济扶持不能完全与边疆地区各民族差异性的需求对接。究其原因是边疆民族地区经济社会发展的地区性不均衡，各民族文化传承的差异性决定了其文化主体心理需求的多样性和多层次性，这些都构成边疆民族地区发展问题的复杂性，也对包括政策在内的公共服务等提出了较高的要求。必须从边疆地区各民族群体心理需求差异性出发，因地制宜，切实关照边疆民族地区的特殊性，并兼顾全球化背景下边疆民族地区文化的边缘性，有针对性地提供具有可操作性的、符合需求的政策支持和经济扶持，保证并不断提高公共服务的效能。例如，在云南省澜沧拉祜族自治县老达保村有位人称"百灵鸟"的致富带头人，她不仅歌唱得好还无私地把这些歌曲教给乡亲们，带领大家通过歌舞表演发展特色乡村旅游，而她急需的是对自己原创的一百多首歌曲的知识产权保护和要承担村小学双语教学的教育培训[71]。

综上，维护民族地区社会稳定首先要充分利用边疆民族地区优越的区位优势，引导边境各民族结合本地实际和本民族实际，参与市场经济活动，发展边境贸易，"发展才是硬道理"，只有在经济转型过程中真正提升边疆地区各民族的生活品质，才能让他们逐步意识到经济发展、文化发展的益处，才能形成对国家的强烈认同与归属感。

其次，要加强社会问题综合治理。民族地区各种社会问题往往与经济问题交织在一起，因此，前述发展目标的实现为解决其他社会问题创造了条件，奠定了基础。同时，要加强对边疆民族地区的综合治理，引导各族群众特别是青壮年群体在积极参与经济社会发展的同时，防止严重危害社会稳定和群众生命健康的活动等在更大范围内传播，严厉打击各种跨境犯罪活动，有力保障边疆民族地区的社会安宁。

最后，要坚持推行民族区域自治制度，认真贯彻民族区域自治法，保护少数民族管理本民族内部事务和当家作主的权利，充分调动少数民族维护国家利益，维护社会稳定的积极性和主动性。只有稳定才能维护民族团结，才能实现民族地区的经济社会发展，实现社会和谐；只有充满生机和活力的和谐，才是真正的社会和谐[69]。

四、环保责任大

首先，不同民族地区生态环境差异大。有沙漠地区，有高原高山地区，有草原地区，有热带雨林地区，而且生态水平总体落后，生态环境大都十分脆弱。加之近些年的经济发展和云南边疆地区多个民族的原始生产方式一直持续沿用至今，对资源和环境造成破坏。

其次，回波效应的后果逐步显现。中部和东部地区相对较快的经济发展速度和逐步显现的发展效果从云南等西部地区吸引了净人口流入和资本流入，致使云南等西部地区因人、财、物和信息等关键资源不足而远落后于发达地区。

因此，民族地区一方面要努力加快发展进程，追赶先发地区，另一方面还要有效保护生态环境，保障市场经济发展不再以资源耗竭为途径，实现经济社会的可持续发展。要想处理好经济社会发展与保护建设生态环境、提高生态建设效益的关系，就必须在环境保护与生态建设中实现经济和社会的同步发展，用经济社会发展的成果来有效推进生态环境保护和资源的有序利用，在云南边疆民族地区实现人与自然、经济、社会的和谐共生与协调发展。

一方面，少数民族边疆地区要在认真贯彻国家环境保护法、民族区域自治法和西部大开发政策的同时，根据本地区实际情况把对自然生态环境保护和建设的要求写进民族地方自治条例，依法保护和建设好生态环境；要逐步制定符合边疆民族地区实际、具备可操作性的环境保护与资源利用法律法规，将经济行为和发展进程纳入法制框架，依法对有序开发资源、保护环境的行为予以许可和奖励，依法对浪费资源、破坏环境的行为予以禁止和严厉惩戒。

　　另一方面，要正确处理经济社会发展与生态环境保护建设的关系，就要从各民族的传统智慧和传统文化中寻找与环境和自然和谐共生的经验，因为这是各民族世代繁衍生息，在自然环境中适应、调整、改变和完善的结果。这对于现代化进程中的各族群众依然有着重要的借鉴意义，对于今天的生产和生活实践更具有法律和行政力量之外的补充指导作用。

　　综上所述，发展的特殊性既是云南文化丰富多样性呈现的基础和保障，也是云南文化发展与建设不得不面对的现实困难。只有克服困难，变不利条件为有利因素，才能充分发挥资源优势，把文化力转化为经济力，打破常规，实现云南文化和经济社会的跨越式发展。

第二节　云南文化发展路径选择的原则

　　云南文化发展面临着全球化的挑战，同时也是中国文化发展中最具特色的板块之一。因此，云南文化发展的路径选择首先要符合全球化和中国现代化发展的要求，才能纳入全球文明进步的序列，并且逐步实现中国文化的一体化发展，同时，也要适应经济市场化的趋势，在文化的市场化变革中实现跨越式发展。其次，要符合中国国情和云南省情，我们可以借鉴和学习国内外文化发达地区的先进经验，吸取发展教训，避免走弯路造成资源浪费，错过发展机遇，但借鉴一定要建立在因地制宜、因时制宜的基础上，既结合中国发展的实际，考虑云南发展的特殊性，同时还要兼顾发展阶段上的差异，只有这样，才能保证路径选择的正确性。最后，要坚持文化发展与经济发展的协调，坚持文化发展为经济发展服务的原则，遵循文化发展的本来规律，同时关照文化在云南这样的边疆民族地区发展的特殊性和差异性，把文化发展切实当成全社会发展的基础问题来对待、来解决，提升全民对文化发展重要性的认识，整合各方力量，共同推进人与自然、人与社会的和谐发展，实现文化发展的终极目标。具体而言，主要有以下三个方面的原则。

一、尊重公民文化权利，提升公民文化行为能力

　　文化发展动力源于普通大众的社会实践与社会进步。因此，要真正考虑云南各族群众需求，结合云南实际尤其是民族地区、边疆地区的特殊情况，尊重各族群众自主的、自发的文化行为与文化实践，因势利导地帮助他们创造提升文化行为能力的条件，真正提升各民族融入现代化进程的能力。为此，要增加对非排他性公共文化产品与服务的投入，提高这部分产品与服务的供给能力与供给水平，

扩展这部分产品满足群众基本文化需求的覆盖面，尤其向"少、边"地区的弱势群体倾斜，使那些得不到顺畅表达的公民文化基本需求也能得到现代文化产业发展的关照，也能分享文化产业发展的成果。

尊重和重视少数民族文化发展自由，将有利于各少数民族群体根据自己的可行能力和实际发展要求选择文化发展的方式，选择生产和生活方式，实现与现代化进程的同步，分享现代文明进步的成果。同时，对于边疆民族地区尤其是跨境而居的少数民族，由于境内外共同目睹各民族能够在这块土地上自由地生产和生活，自由地学习和发展他们的语言、文字与文学艺术，传承他们的文化，必然有助于提升云南作为面向南亚、东南亚文化高地的吸引力，极大地促进跨境民族地区及边疆各少数民族聚居地区的和谐与稳定。

二、以人为本，挖掘云南文化生产与消费中主体的能动力量

各族群众是文化生产的主体，也是文化消费的主体。在文化的生产与消费过程中，大众的能力与能动性不容小觑。对于区域特定环境及时间背景密切结合的文化产品与服务，更是以当地群众为其生产、创新与消费的主要力量，只有当文化产品与消费在当地形成习惯，凝结成文化，才可能形成对外部区域大众强烈的吸引力，也才可能走出区域，走向国内外市场。例如，云南的民族传统节日原来都只是各族群众自娱自乐的项目，随着其形式的多样化、内容的丰富化及表现手段和传播手段的现代化而越来越具有吸引力，慕名而来的外来群众越来越多，他们的到来让本地人重新认识了传统习俗的魅力与市场价值，也带来了完全不一样的生活方式和观念，在这种不同人群的文化交流中，传统节日得以保留并不断发展，当地群众得到了文化发展的利益，外来群众满足了文化体验的需求。因此，无论是生产还是消费，其主体都是人，是在文化实践中不断选择、学习、继承、传播的大众，他们是边疆文化生产、消费中的能动力量。

三、引导省内民族参与文化发展进程，协调发展利益分配

开放的市场将增进云南各族群众间，省内、省外各地区间甚至云南与国外的交流，使文化交流和经贸往来更加频繁。"两强一堡"（紧紧围绕建设绿色经济强省、民族文化强省和中国面向西南开放的桥头堡）战略的实施，推动了民族文化与旅游产业的结合，加快了云南从民族文化大省向民族文化强省迈进的脚步；在大通道建设方面，云南大力推进公路、铁路、民航及水运通道建设，打通了中国南下越南、老挝、泰国，西通缅甸及南亚国家的国际通道，努力联通中国、东南亚和南亚三大市场，大通道建设初见成效，为云南深化同东南亚、南亚和大湄公

河次区域的交流合作，不断提升沿边开放质量和水平奠定了基础，创造了条件。"小合作要放下态度，相互尊重；大合作要放下利益，相互平衡"，文化合作无论是对内还是对外，都要本着"相互尊重，求同存异，利益均等，协商共赢"的原则，保证合作双方主体地位的平等性、利益分配的均等性，只有这样才能保证云南各民族群众为发展创造和平宁静的环境，进而在合作中谋发展，共荣共进，加速现代化的进程。

第三节　深化改革，更好地发挥市场的作用

要充分利用市场化的经济手段来保护和发展云南文化。保护政策不落实，保护资金不到位，保护手段不奏效，保护效果缺乏监督等问题没有得到根本性解决，不是国家不投入，更不是政府不想保护，是未能充分发挥经济杠杆的作用，未能撬动各方资源，开辟各种途径，满足各方利益诉求。因此，在现代化进程中，用经济手段、市场化手段保护和发展民族文化、传统文化不失为文化保护的有效途径，因为它不仅可以有效解决保护投入不足的问题，也可以对保护效果进行市场公开监督，以市场价值回报评价和衡量保护效果，以市场价值评估各方在保护中的投入，并以此为基础在各利益相关群体中分配保护所得收益。例如，用经济手段保护文化，最简单和直接的方法就是投资，加大公共文化投入的力度，同时以公共文化投入作为引导性投入，吸引其他资本进入。因为对于大多数边疆民族地区而言，国家投入远不能满足保护和发展文化的需求，还要广泛运用市场机制，动员社会各种资本对文化进行有效保护，关键问题是如何让这些逐利的资本看到预期回报。因此，一方面，要放开保护发展民族文化的市场准入，对主体资格减少或者完全取消不必要的限制；另一方面，为开拓思路，要引导更多形式的新兴技术手段甚至新兴业态与民族文化保护和发展进行嫁接，有效实现对资本的吸纳，才能形成投入—产出的良性循环。"从科学发展观的视角来看，文化保护的意义在于让各文化主体能够健康地、可持续地发展，同时也能够促进民族地区经济的发展"[72]，因此，文化保护的目的归根到底是要实现文化和经济的可持续性发展。只有努力挖掘本地区、本民族可资开发利用的文化资源潜力，努力发展文化商品经济，并在提高经济效益的基础上，切实让各族文化主体分享到文化发展与保护的收益，实现文化惠民，才能增强各族群众的文化自觉，强化他们对民族文化资源市场价值、开放预期效益的认知，主动对民族文化加以传承和保护；而当经济发展实现可持续时，对民族文化的保护自然会走向良性循环。

因此，必须推进市场化进程，更好地发挥市场的作用。具体而言，在以下几方面应该着力深化改革，更好地发挥市场的作用。

一、逐步开放生产环节，允许各类企业参与文化产品的开发与生产

文化全球化和市场化发展强调文化产业是以内容发展为核心的产业，其产业发展的核心竞争力为创造性。

云南文化产业在蓬勃发展的过程中虽然也缔造了数量众多的文化产品，但是精品甚少，特别是面对国内外有竞争力文化产品的冲击，本土文化产品明显缺乏市场感召力，更未能显示云南丰富文化资源的特色与优势。加之如前文所提到的，一些地方借"文化基础设施建设"之名，行"经济建设"之实，用搞工程的思路搞文化，造就了一批浪费人力和物力的虚假繁荣，致使真正需要公共文化投入的产业发展前端，即文化产业原创得不到应有的支持与鼓励。

作为"内容产业""创意产业"，未来文化产业的发展应该着力于其产业链的上游，即源头创作环节的建设与发展，只有创新环节有了充分发展的空间并得到充分发展的支持，才可能为文化产业带来真正可持续发展的基础，也才可能形成文化产业常变常新的内涵及吸引力，满足人民群众日益多样化、个性化的文化需求，才能真正实现文化价值与经济价值，以及文化价值与社会价值的统一，不断地变文化资源为文化资本，形成产业发展新的支持。

由于文化的内容创新具有典型的高风险、高投入特征，加之创新的文化产品要得到消费市场的认可往往需要很长时间，许多掌控资源的大企业不愿意做这种投资回收期长且投资结果不确定性高的产业前端投入，反而许多中小企业甚至是个人由于真正了解文化市场需求，了解文化资源的价值而愿意并且经常性地从事文化产业的前端生产——进行创作与创新。因此，国家要鼓励前端生产，就要放松对生产环节的管制并加强对中小企业的引导，以培育和滋养文化创新的源头，加强对后端，即发行及市场营销的管控力度，以充分保证原创技术、原创知识、原创作品能有合理回报，这样才能满足巨大的市场潜在需求甚至具备参与国际市场竞争的能力。

1. 开放、发展和完善文化要素市场

充分发挥市场配置资源的基础性作用，鼓励各类文化企业积极进入云南文化资本、知识产权、文化人才等要素供给市场，促进跨地区、跨部门、跨所有制的文化生产要素流动与重组。推动云南文化要素市场与全国文化市场的对接，实现不同要素市场的业务、资源与渠道整合。依托本地和区域性人才交易市场，定期发布文化人才供需信息，建立不同层次的人才引进机制，积蓄文化发展人力资本，适应未来云南文化产业国际化发展的要求。对于文化旅游产业发展用地，争取获得国家和地

方政府支持，在省域范围内实行差别化土地利用政策，适当增加文化旅游项目建设用地供给。《云南省产业用地政策实施工作指引（2022 年版）》明确规定，"在符合国土空间规划、相关产业规划及政策要求的前提下，允许农村集体经济组织以出租、入股、联营、合作等方式利用集体建设用地进行乡村旅游、电子商务、养老、医疗、体育、物流等产业项目建设""旅游、光伏、风力发电、自驾车旅居车营地等项目依据国家和省相关政策规定使用农用地或未利用地的，符合'不征不转'或不占压土地、不改变地表形态等情形的，可按原地类认定和管理，并严格按照规定条件使用土地"。上述规定能有效缓解云南文化旅游产业发展的要素紧缺状况，为文化旅游产业高质量发展提供条件。

2. 加大政府引导性资金投入

充分发挥公共文化投入对文化产业发展的引导性作用，建立省级和各地州市政府的文化发展专项资金。各级文化发展专项资金的使用要建立民主程序，实现事前、事中、事后的全面公开和监督，保证投入决策、投入目标和投入效果的全民主化程序，提高和保障资金的使用效率。同时，强调政府投资倾向产业发展前端，即更多关注和鼓励文化创作型、创新型企业尤其是小微企业的发展，在文化原创未被市场接受之前给予这些从事创新的企业与个人足够的支持，以政府的身体力行来引导更多社会资本的投入。按照投资主体多元化、投资机制市场化、投资方式多样化的原则，采取政策引导、搭建平台、嫁接供需、完善服务等多种方式，鼓励投融资体制创新，抓住当前国际资本流入和长三角、珠三角地区产业向资源型省份转移的机遇，发展风险投资和股权投资市场，疏通投融资渠道，引导海内外资金进入云南文化产业。同时，为保证公共文化投入的应有效率，完善政府投资引导机制。

3. 建立投融资平台

抓住云南沿边金融综合改革试验区创建的机会，在涉及的 9 州市（昆明市、保山市、普洱市、临沧市、红河哈尼族彝族自治州、文山壮族苗族自治州、西双版纳傣族自治州、德宏傣族景颇族自治州、怒江傈僳族自治州）试点创新投资机制。首先，在国家政策和特殊金融服务的支持下，探索通过财政投入、社会私募、外资股权投资基金等发展方式，撬动国内、国外两个金融资本市场和金融要素市场，尽快发起设立云南文化产业投资基金。其次，以投资公司、上市公司、融资担保公司为基本构架，拓宽融资渠道，结合企业改革，创造条件，发挥省属文化投融资平台（如云南文化产业投资控股集团有限责任公司、云南省旅游投资有限公司、云南省康旅控股集团有限公司）在投资项目合作、银行信贷担保等方面的作用。再次，培育和发展一批民营、外资和混合经济结构的文化投融资主体，鼓励中小企业多元化的债务融资，提高资金使用效益，为云南文化产业发展筹措更多资金。最后，推进一批有竞争力的省内文化企业和文化旅游企业在境内外上市和发行企业债券，利用区域性股权交易市场，充分发挥资本市场的投融资和结构调整功能发展文化旅游产业。同时，大力推进文化旅游企业股份制改革，完善财务制度、法人治理结构、激励和约束机制，积极培育上市企业资源，尽快促成一批文化旅游企业在海内外资本市场融资。

二、逐步开放文化市场，促进各类文化企业公平竞争

要想真正推进文化发展就必须推进文化市场化建设，逐步开放文化市场，使得文化商品的流通渠道多元化，此外，可引入多元化的经营主体，形成文化产品与服务供给的竞争，有助于节约资源、提高产出效率，形成集约的产业化发展态势。同时，公共文化服务要着力打造公平竞争的市场平台，建立健全维护市场秩序的各类法律法规，以充分激发各类主体参与文化发展的积极性，提升文化发展活力；同时，通过公平竞争和完备的市场经济，淘汰那些不具备生产和销售资格的企业，避免产品和服务供给的重叠和浪费。

产品的开发涉及创意，因为必须有一定的科学技术知识作为积淀，所以也是创新空间最大的环节；产品的生产环节更多涉及的是确定技术和配套知识，多属于技术的移植和复制。一方面，创意的持续产生需要有良好的市场回报予以刺激，因此，各类企业的参与有可能激发企业创新的积极性，因为真正意义的创新能让企业形成核心竞争力和比较优势，在众多企业的市场竞争中独树一帜，也只有竞争才能激活企业自身的积极性、主动性和创造性；另一方面，各类企业的参与有利于打破极个别文化开发与生产企业的垄断，形成产品极大丰富的市场供给局面，更容易广泛吸引消费者进行文化消费。因此，要逐步放开开发与生产的环节，允许各类企业参与文化产品的生产与开发。要对原创形成鼓励，一方面要加大资金投入，保障原创人员的基本回报；另一方面，要努力撬动社会资源，畅通信息交流，为企业和原创人员之间搭建起互动和交易平台，促进原创作品向文化商品转化，促进原创人员的原创努力价值化进程。同时，应该激励从事文化产品源头创作与生产的企业，保证其有专门用于创新开发的投入。

首先，完善文化市场准入与退出机制。建立健全文化企业申报准入制度和文化企业运营挂牌制度，规范文化市场行为，制止恶性竞争。打破区域封锁，实行部门联合监管。消除信息、文化尤其是传媒产业和通信产业的壁垒，以技术共享、市场共分促进这些产业的共同发展，这样的做法可以大大降低行业交易成本，加速技术扩散，使得知识产权转化为生产力的周期缩短，范围拓宽，其直接增进的市场收益是无法估量的。虽然云南文化产业尚处于起步阶段，但可以鼓励文化企

业采取参股、控股、联营等多种形式加强合作，形成区域互动、人才流动、信息互通、资源共享、市场共赢的发展格局。同时，加强文化产品消费投诉机制建设，维护消费者合法权益。实行综合执法，整顿文化市场，对于严重违法违规和破坏市场秩序的企业，取消其执业资格，实施行业禁入，通过优胜劣汰提升云南文化产业的集中度和竞争力。

其次，培育文化行业协会和相关中介组织。加快文化行业协会形成和改革发展，强化行业指导与自律功能，推动行业诚信建设和企业诚信经营。针对文化产业发展对上游创意的特殊需求，整合相关文化科研院所的人力资本，打造产学研一体化价值链条，凸显"微笑曲线"中创意的价值地位，对相关人才形成以市场回报为主的激励。相关中介组织可根据国家和地方关于人才流动的相关规定，利用要素市场机制，推动更多、更优秀的文化产业专业人才、管理人才进入云南文化产业现代化的发展序列。

最后，加快与国际文化市场产品与服务标准接轨。按照世界贸易组织规则参与国际文化市场竞争是云南文化产业发展的必由之路，因此，结合本地实际，根据云南文化产业发展的基础和现状，探索建立和完善与之相应的文化市场规则和服务标准体系，重点推行相关行业的国际服务标准和国际质量认证，促进文化经营管理、服务设施和服务技能与国际标准接轨。以打造民族文化大省为目标，规范和提升云南文化服务设施的供给能力和供给水平，规范和提升云南文化产业从业人员与文化服务人员的综合素质，尽快实现与国际文化市场的对接。

三、建立与完善文化产品流通渠道，搭建现代文化产业营销平台

现代制造业在全球化背景下的发展很大程度上得益于全球范围内流通网络的构建。正如世界知名挖掘机品牌卡特彼勒的首席执行官所说：是我们遍布全球的一千多个代理商缔造了卡特彼勒的今天。文化产业的发展和市场范围的拓展同样离不开流通网络的构建，只有建构完善的、各具特色的、符合地区差异和目标市场需求差异的流通渠道，才能既保证消费对象向消费者流动的正向流通，又保证文化旅游产业消费者向消费对象的逆向流动，实现供给与需求的对接。在现代通信技术、网络技术广泛运用的今天，流通网络的功能已经完全突破了销售平台的传统意义，得到了巨大的拓展。不仅可以弥合供给与需求间的各种差异，帮助生产商完成区域市场的开拓，还可以利用渠道资源自创品牌进行销售。例如，昆明剧院有限责任公司，既是昆明舞台演出最为频繁的剧院，扮演着文化产品零售商的重要角色，又是昆明乃至云南引进国内外知名乐团等表演艺术团体演出最多的企业，成为典型的艺术中介公司，架起了消费者与供给商之间互动沟通的桥梁。同时，该公司为有效整合利用在全国各地的流通资源，全资收购了云南独一无二的、在全国都享有较

高知名度的女中学生合唱团——红枫合唱团，改名昆明剧院童声合唱团。该合唱团得到来自企业的持续稳定投入，整体演艺供给能力与供给水平得到巨大提升，并从此找到了自己长期固定的展示平台；该公司通过合唱团提升了自己在业界的知名度与美誉度，同时，因为向青少年合唱事业投入而履行了社会责任，赢得了社会赞誉。这种垂直一体化的渠道策略，既能有效帮助供给商秉承现代化经营理念与文化市场需求对接，特别是与细分市场文化需求对接，又能将企业的品牌收益、平台收益内化，降低交易成本。洛杉矶迪士尼主题公园收购和兼并周围餐饮住宿企业的成功经验得以在昆明剧院有限责任公司与红枫合唱团合并的实践运作中印证。

文化产品因具备"高文化"和"高科技"相结合的内涵特征，多数市场消费都需要前期教育。此外，产品获得的消费者认知与主体差异密切相关，因而不同主体对同一产品的评价与接受程度往往有着较大的差异。加之文化旅游产业的产品消费以体验为主，形成了对营销渠道引导消费、培育需求等功能的较高、较复杂要求。利用现代科技手段和通信技术相结合，建立文化产品与服务的现代化营销平台是文化产业现代化发展的重要表征。这种营销平台不仅可以打破信息传递的时空限制，还能实现对消费理念、消费方式、消费习惯的有效引导，并极大提升消费便利性，把建构和管理传统渠道所需支付的成本变成剩余价值让渡给消费者，直接实现消费与供给、服务与体验的对接。O2O（online to offline，线上到线下）模式的广泛采用，实现了营销渠道的平台化管理和线上销售、线下体验的创新，为文化产品与服务的推广、文化信息的传播提供了更新更好的平台与更加广阔的空间。例如，"昆明范儿"微信公众平台主要介绍昆明的风土人情，老昆明的文化习俗、现代昆明的自然与城市风光、旅游时尚，打造昆明文化旅游城市的整体形象，又为著名小吃、知名娱乐休闲企业推送营销互动信息；"文创云南"微信公众平台不仅向大众介绍云南传统手工艺品等民族文化代表门类，也向大众推送文博会、石博会、玉博会等专业、商业展会信息，还有本土文化产业发展前沿的介绍、本土文化大家的专题访谈，成为云南人了解本土文化，外地人了解云南文化的重要信息平台，也潜移默化地助推着新的文化消费时尚。

第四节　加大公共文化建设投入，发展公共文化服务

在经济全球化的趋势日益凸显的同时，世界各国也相继开始构筑新的制度框架或者对以往的制度框架进行逐步调整，以适应经济全球化进程的需要。新制度经济学家认为，在社会系统中，要退出次优的路径依赖，其条件取决于形成正反馈机制的一系列制约因素的性质，即路径依赖产生的报酬递增是否具有可逆性和可转移性。如果收益递增的强化机制来源于固定成本和学习效应，那么要发生路径替代退出闭锁状态的难度就很大。因为固定资产具有专用性，很难在另一种路

径中被利用，因此沉没成本（sunk cost）很高；学习效应中的默认知识不具备信息传递性，因此导致的认知阻力就很大。如果收益递增的强化机制来自系统的各种网络效应，如协作效应、适应性预期等，行为主体则只要加强信息交流，形成一致性行动，路径替代就可能发生[73]。因此，在退出闭锁境地的过程中，政府的干预和一致性行动就显得异常重要。政府一方面要克服认知惯性等根深蒂固因素的干扰，以及社会科学知识储备和经济基础薄弱的束缚，另一方面还要注意探索和发现新的适合边疆少数民族地区文化力向经济力转化的路径。

上述种种退出闭锁境地的困难正是当下云南经济社会发展举步维艰的真实写照。云南这样的边疆民族地区进行制度创新时缺乏足够的内在激励性，使诱致性制度变迁的交易成本大于强制性制度变迁的交易成本。因此，依靠强制性权力挖掘、转化文化力更加符合实际，而且我们不难得出在短时期内云南通过强制性制度变迁确实会得到收益递增的制度绩效。例如，依靠强制性制度变迁，云南以政府主导的方式招商引资来挖掘文化资源，使得文化网络的建设、文化遗产地及自然景区的商业开发、民俗风情旅游等得到了极大的发展。因此，像云南这样的西部边疆民族地区发展文化和实现文化发展的目标，对公共文化服务的需求是迫切的和长期的。

但是，体制的不适应、不健全、不完善肯定会制约产业的发展，而文化发展最终是以文化产业发达为特征表现出来的，因此，公共文化服务效率的提升强调以文化的制度创新为先导，完善文化制度环境，以此推动文化产业发展，并最终推动文化发展。只有合理、有序、逐步地推进文化体制改革，调整、创新文化制度，才能在全球化背景下实现政治、经济和文化的和谐发展。

一、建立文化市场竞争机制

建立文化市场竞争机制才能使得文化市场主体的准入和退出符合市场规律，满足市场需求。

因为只有竞争才能保证各级各类文化市场主体在确定和完全的市场中自主经营，自负盈亏，也才能保证对市场主体的考量标准稳定、客观和统一，保证文化产品与文化服务的质量和供给数量，最终在效率优先的市场中形成文化市场主体准入与退出的良性循环。在此基础上，形成文化产业发展要素的良性流动机制。只有要素按照市场配置的要求向效率高的环节自由流动，才能最大限度地发挥要素的投入效率。

但是，如果完全放任市场机制发展，则可能形成效率高的文化产业供给环节和文化发达地区要素供给充裕，而那些效率低下甚至很难产生直接经济效益的环节和文化欠发达的地区要素供给，如公共文化服务供给等将长期处于资源供给不足的状态，这对于云南这样的边疆民族地区是极为不利的。云南文化发展市场化程度本来就比较低，如果再没有市场以外的制度安排，就会使云南文化供给与需求之间的矛盾越来越突出，与发达地区的差距越来越大。因此，在保障市场充分竞争的前提下，国家要以公共文化服务供给的方式，向难以产生效益的产业环节倾斜，向云南这样的"少、边"地区倾斜，尽可能消弭发展差距，维持社会稳定，提升文化发展的整体水平。

二、适当加大财政投入比例

加强财政转移支付，加强公共文化服务的基础设施建设。2000~2020 年，云南公共文化投入总量年均增长 11.46%；以各 5 年期细致测算，其中"十五"年均增速 14.07%，"十一五"年均增速 11.59%，"十二五"年均增速 11.66%，"十三五"年均增速 8.58%，2020 年度增长 19.48%[74, 75]。

2020 年云南平均每万人拥有公共图书馆面积 85.94 平方米，排全国第 27 位；人均拥有图书馆藏书从 2005 年的第 17 名跌至 2011 年的第 24 名，2019 年人均拥有公共图书藏书量 0.5 册，排全国第 28 位；人均群众文化业务活动专项经费从 2010 年的全国第 16 名跌至 2011 年的第 24 名，2019 年为第 28 名；2019 年平均每万人拥有群众文化设施建筑面积 241.05 平方米，排全国第 25 位[76]。云南16 州（市）的图书馆、文化馆、博物馆三馆情况已足以说明硬件上应适当加大财政投入比例①。

（1）博物馆：截至 2020 年，云南 16 州（市）除省会昆明外其他州（市）没有一级馆；7 州（市）有二级馆，较 2011 年增加 3 州（市），但还有 9 州（市）没有二级馆；9 州（市）有三级馆，较 2011 年增加 7 州（市），但还有 7 州（市）无三级馆。

（2）文化馆：云南 16 州（市）中 4 州（市）有一级馆，占总数的 25%；4 州（市）有二级馆，占总数的 25%；2 州（市）有三级馆，占总数的 12.5%；2 州（市）有新建未评级别的，占总数的 12.5%。另外，截至 2020 年，还有 3 州（市）使用建于 20 世纪五六十年代的文化馆，还有 2 州（市）使用建于 20 世纪 70 年代的文化馆。场馆面积严重不达标的有 4 州（市），占总数的 25%[77]。这些均显示出场馆空间的狭小、设施的落后状况，表现出地方文化发展与社会、经济发展不匹配、不协调。

2011 年，文化部开展全国文化馆评估定级工作。云南全部 148 个文化馆中共有134 个文化馆参加了等级评估，评估结果表明仍有 32 个文化馆未达到应有等级，其

---

① 本部分所使用的相关数据资料主要来源于云南省文化和旅游厅艺术处、文物处、非遗处、博物馆处等，并结合文化和旅游部财务司编撰的《中华人民共和国文化和旅游部 2020 年文化和旅游发展统计公报》整理而成。

中州（市）级文化馆 4 个，占云南州（市）级文化馆总数的 25%；县（区）级文化馆 28 个，占参评文化馆总数的 21.4%，还有 19 个文化馆属于有人员、无馆址，情况堪忧。2019 年，平均万人拥有群众文化设施建筑面积（平方米）居全国第 26 位。

（3）图书馆：云南 16 州（市）中 4 州（市）有一级馆，占总数的 25%；1 市有二级馆，占总数的 6.25%；8 州（市）有三级馆，占总数的 50%；2 州（市）有不达标的，占总数的 12.5%，1 市有新建未定级的，占总数的 6.25%。建于 20 世纪 70 年代的有 4 州（市）[77]。2019 年，云南平均万人拥有公共图书馆建筑面积（平方米）列全国第 26 位，人均拥有公共图书馆藏量（册）列全国第 28 位。

此外，就覆盖服务人群来说，截至 2020 年各州（市）单个场馆的服务力与承载力由于较为复杂的因素，均不足以发挥与其覆盖人数相对应的公共文化服务功能。基层缺乏保障，经费运行困难的问题始终是云南公共文化建设中的桎梏。如何在中央、省级和地方财政中划拨相协调的经费比例以保障文化设施的建设和正常的运转投入，已经到了不得不解决的时候。很多"农文网培分校"上网的租费基本靠东拼西凑；随着各级文物保护单位、登记不可移动文物和历史文化名城（镇、村）等文化遗产数量的增多，日趋繁重的工作与捉襟见肘的经费投入也形成巨大的反差。

为促进云南文化发展对各族群众在提升文化素质和增强文化自信方面的"反哺"作用，应该加大财政转移支付的力度，增加公共文化投入，以政府主导的公共文化服务体系应更加注重边远、山区、农村、农民、弱势群体的文化诉求，通过村村通、户户通、信息共享工程、农家书屋、农村文化站、农文网培学校及更多的方式解决云南各族群众对精神文化的需要，为构筑符合云南实际的公共文化服务体系建设奠定良好的基础。

"十四五"期间，云南着重强化阵地设施建设，实施补短板强弱项工程。建齐、建美城乡公共文化设施，使其成为城乡亮点或标志性文化设施。围绕保障人民群众基本文化权益，聚焦完善服务体系、提高服务能力、促进效益发挥，持续推进建设，形成了省、州、县、乡、村五级公共文化服务网络。目前，全省共有公共图书馆 151 个、文化馆 149 个、博物馆 149 个、美术馆 9 个、乡镇文化站 1 456 个、村级综合性文化服务中心 14 652 个，村级综合性文化服务中心覆盖率达到 99.5%，县级基本公共文化服务标准化建设完成率 100%。全省公共美术馆、图书馆、文化馆（中心）、博物馆全部向社会公众免费开放。还有保山、楚雄、曲靖、昆明先后创建国家公共文化服务体系示范区，8 个项目被列为国家公共文化服务体系示范项目。今后，云南将进一步加快推进以边境"文化睦邻示范区""国门文化"交流中心（友谊广场）、"国门书社"等为主要阵地的"国门文化"建设①。但

---

① 根据云南省文化和旅游厅公共服务处和博物馆处相关数据资料整理而成。

由于部分博物馆设施老化，展陈手段落后，展品单调等，除了位于省会昆明的云南省博物馆、位于旅游目的地腾冲的滇西抗战纪念馆和丽江古城博物院（木府）等基于文化和旅游业有效融合的博物馆基本上常年游客不断外，其他博物馆几乎无人问津，2019年云南省博物馆参观总人次（万人次）仅位列全国第19名；文化馆、艺术馆、美术馆等公共文化设施的使用效果堪忧，投资效率有待提高。

三、逐步打造全链条公共文化服务体系

（一）提供相应的公共政策服务

1. 完善有利于文化发展的投资融资政策

深化文化投融资改革，探索灵活多样的投融资渠道，按照"谁投资、谁开发、谁创新、谁受益"的原则，对部分文化基础设施实行"政府主导规划、企业投资开发、市场模式运作"的投融资机制，鼓励各种经济成分的社会资金投入文化基础设施建设，加快文化发展配套设施建设，着力解决公共文化设施建设中的资金短缺问题。逐步建立优质文化资源和文化遗产开发政府担保机制，引导国有大企业和有实力的外商、民营企业积极投入优质文化资源和文化遗产的开发。该机制的建立，有利于利用国债投入、政府担保贷款、发行文化债券和股票等多种融资方式，多渠道争取社会资金投入文化开发建设，加快云南文化产业发展进程[78]。

此外，要制定鼓励民族文化产品生产的政策，包括税收优惠政策、进出口配额政策，而针对桥头堡建设的特殊性，在类似政策中要考虑桥头堡建设初期税收反哺当地民族文化产业与当地社区的问题，允许部分边境区域在地税的征收比例与转移支付上做一些灵活的具有针对性的尝试。建立重点文化资源开发财税配套优惠机制，加大财政税收对文化产业的扶持力度，在国家西部大开发及云南省委、省政府对加快文化产业发展和民族文化强省建设的扶持政策基础上，建立对文化产业的财税配套优惠机制，运用财政投入、财政补贴、贴息贷款、减免税收等多种手段发挥财政投入的导向性作用，支持重点文化项目和基础设施建设。进一步加大文化项目招商引资力度，不断优化旅游文化项目投资环境，切实解决文化产业建设资金"瓶颈"问题。

2. 完善有利于民族文化遗产地保护政策

加强立法对民族文化地及民族文化遗产地社区传统文化的维护，通过舆论、媒体等多种途径强化当地居民和潜在外来者对传统文化的尊重、维护和发扬，对少数民族优秀文化艺术进行合理科学的开发利用。制定对资源破坏和环境污染开

发行为的制约政策，推行资源环境保护补偿制度，推行民族文化资源、环境保护责任制度，建立社会监督、社区监督机制。促进民族文化区管理体制改革，建立健全文化项目环境影响评价机制，严格旅游文化开发环保审批制度，建立环境影响责任制[78]。

这一政策中还应包括鼓励公共文化创新的政策，要保护文化创新的知识产权，特别是鼓励民族文化创新的积极性，使得民族文化得以不断发展。

3. 制定鼓励本地文化企业发展的政策

云南这样的文化发展滞后省份，短期内吸引大量外部资本和大型企业进入并从事文化发展的可能性不大，针对这种特殊情况，鼓励本地企业尤其是中小企业和社会资本参与文化生产，发展本土文化的路径才是切实可行的。立足本地发展的企业本来就与当地社会及各族群众间有着密切的经济社会往来，加之熟悉本民族本地区资源优势和本地市场需求，若能激发其积极性和主动性，则对于现阶段云南文化发展是极为有利的。同时，针对云南的区位优势和边疆地区的特殊情况，鼓励有实力的本地文化企业发展跨国文化贸易，把适销对路的文化产品销售到文化发展更为滞后的周边国家和地区，用云南文化的比较优势、特色资源优势形成云南文化发展的特色路径——先国外后国内，建立国外市场的认知和品牌声誉之后再逐步向国内拓展。在这方面，中国旅游业的成功经验值得借鉴。

其他一些制度安排也需要创新。由于多民族地区农业经济多处于小生产状态，相对发展缓慢。必须充分认识人类发展的历史本质就是冲破封闭的"动"，流动是"发展"必不可少的因素。流动包括众多方面。在当代中国，作为生产资料的土地的归属相对固定，农业人口也很少流动，这在相对封闭的民族聚居区非常普遍。因此，对于广大边境地区的少数民族聚居区而言，在桥头堡建设中不宜提倡分占土地的移民活动，重要的是组织多学科交叉的专家志愿者队伍，应该通过建立经济贸易、资源开发、新闻传媒、供销信息网络、普及教育等领域全方位的流动机制，助推乡村振兴战略实施。

（二）提供相应的公共文化服务

着力突出政府在文化遗产保护和扶持弱势群体，落实少数民族文化权利方面的作用。

1. 增加云南各地区教育投入

发展经济学家罗伯特·巴罗以新经济增长理论为基础进行调查，其结果显示：妨碍经济欠发达国家赶上经济发达国家的原因，主要是缺乏人力资本，即教育不发达，人才和知识匮乏[79]。这也是云南这样的西部民族地区经济落后的重要原因。因此必须加强对教育科技和文化发展的投入，为文化力向经济力的转化提供智力投资，同时要克服传统伦理规范、传统道德观念、民族风俗习惯等非正式制度因素对正式制度变迁所产生的不利影响，从根本上解决阻碍文化力向经济力转化的瓶颈问题。

关注云南边疆民族地区的教育，必须注意针对不同少数民族群体的发展层次、生产和生活的实际需要来确定文化产品的供给种类与数量；注意根据当地经济社会的发展实际来界定公共文化服务设施的功能，即无论提供何种服务与何种产品类型的公共文化服务设施，其最终建设目标都是向各民族群众描绘未来生活的美好景象，逐步培育各族群众对未来的美好愿景，以形成为实现美好愿景而自觉努力的内在动力，为开展教育、文化等公共文化工作奠定坚实的基础。现代经济需要受过良好培训、适应能力强的劳动力。目前，云南规模庞大并且日益增长的旅游、娱乐和文化产业及其他行业，都需要受过良好教育的劳动力。因此，公共文化服务对教育的投入和引导，不仅需要关注基础教育，还需要关注技术教育，只有这样才能切实通过教育提升各族群众适应市场化发展的能力。

2. 关注弱势群体，维护社会正义与公平

要考虑将文化建设和民生工程放在同等地位，大力推进文化惠民工程。既要加大对公共文化服务基础设施的投入，又要立足云南多样性，丰富文化资源基础，针对各族群众文化发展需求，通过示范性、特色性文化活动，丰富群众文化，提高各族群众主动参与、积极参与文化发展的自觉性。既要以"发展"为目标，也要以"公平"为原则，尤其是对待云南的山区半山区，世居民族及弱势群体需要更多的政策优惠和资金扶持。具体来说，要使文化真正成为各族群众的普遍需求，就要对"少、边"地区收入较低的各族群众给予相应的福利，对广大学生群体推广免费文化产品，对退休、离休人员则推行低价文化消费，使云南更多的居民参与到相应的文化消费活动中，从而使省域范围内的文化市场需求得到有效激发。同时，要逐步增加省内"少、边"地区文化发展专项投入，用于建设公共文化设施，既增加当地文化发展的可行性，也在一定程度上就地满足当地各族群众的公共文化需求。

第五节　扩大开放，发挥前沿优势，建设文化开放的桥头堡

一、抓住机遇，引导跨境民族参与民族文化发展进程，协调发展利益分配

桥头堡战略涉及的各区域历史上就与境外各民族保持着密切的联系，经贸往来频繁，边民互市交易量与交易额连年增加。开放的桥头堡将为边境贸易的开展提供更为广阔的空间，更为优惠的政策，更为便利的条件，更为可靠的保障，由

此可以吸引更广泛区域的跨境民族通过桥头堡进行边境贸易，体现桥头堡经济前沿、文化前沿的优越性，以此更加增强境内各民族发展的自信心与民族自豪感，增强其对边界清晰前提下的民族身份的群体认同，促进边疆地区稳定，自觉地、积极地参与民族文化发展进程。因此，要因地制宜，结合当地各民族发展实际和发展特色，逐步培育出自己的特色产品，对外部市场而言是其需要但无法批量和高品质生产的，对内部市场而言是新奇而独特的，同时形成对国内、国外两个市场的覆盖。例如，沧源成为缅甸佤邦较大的生活产品供给后援，小额边境贸易蒸蒸日上。在此过程中，政府支持企业人才和技术培训。培训内容主要有外贸工作与世界贸易组织规则、东盟自由贸易区的有关规定、申请中小企业国际市场开拓资金、设立外商投资企业、申请外贸进出口经营权等内容。经过几年的扶持，充分调动了边境小额贸易企业的积极性，外贸企业的对外经济贸易能力得到加强，提升了境外市场拓展能力、贸易人才培训能力、企业业务能力和对外商的服务水平。2020年云南进出口贸易总额389.46亿美元，2021年达到486.59亿美元，2022年达到500.42亿美元[80]。同时，随着沧源被评为"中国最具民俗文化旅游目的地"并成功举办十余届"摸你黑"旅游狂欢节，对边境两边甚至第三国旅游市场的吸引力成倍增长。如能通过文化现代化发展的进程提升已经成熟的产品系列（既包括实物型产品也包括体验型产品），并不断推陈出新，则可以形成对国内、国外两个市场的持续供给能力，获得更高的市场回报，让各族群众享受到发展收益。

二、鼓励沿边地区发展文化产业，以融合发展模式形成对周边国家的文化辐射

鼓励沿边地区发展文化产业，并与旅游产业实现融合发展，这样的经济发展路径在提供边疆地区各民族就业机会的同时，可极大满足其文化需求，并能够以先进技术手段在产业化过程中创新传统民族文化，变资源价值为产品价值，赋予传统民族文化市场竞争力，提供民族文化创新发展的可能与空间。例如，召开亚洲文化产业博览会、建立亚洲文化产品交易信息中心和亚洲文化产品物流中心等扩大边境中心城市影响，推动文化产业发展，注重对云南民族地区的传统文化资源进行整合、保护与可持续开发，大力发展文化产业。云南边疆民族地区应该发挥传统文化资源丰富这一比较优势，积极发展文化产业，以带动本地区的经济发展。沿边地区发展文化产业，不仅具有资源优势，还具有市场区位优势，受到市场认可的文化产品不仅可以销往国内市场，还可跨越国界，直接销往海外市场，并借助邻近国家，销往第三国市场，在更广阔的市场范围内实现价值流转。同时，沿边地区也是劳动力比较富集的区域，在文化产业的发展初期可以劳动力的密集投入弥补资本投入的不足，并通过产业化发展进程，逐步提升劳动力素质，并吸

引各类资本的投入。产业规模和市场规模的不断扩大，可以克服结构性矛盾，提升产业素质，最终实现文化产业的整体升级和转型。

在此过程中，政府要加大对边境地区各民族的教育投入，以劳动力素质的整体提升保证产业发展、边境稳定和繁荣和谐。在广大的云南边疆少数民族地区，对广大群众的日常言行举止、生产和生活的要求大多同宗教相联系，宗教及宗教工作者在当地发挥着不可替代的教化、行为规范甚至凝结团体、稳定边疆的重要作用。很多本民族先富起来的群众也更愿意将资金投入宗教设施的修缮中。因此，结合当地传统习俗，考虑宗教在边疆各少数民族地区的特殊地位与作用，各级宗教行政管理部门可以业务指导的方式适当地对当地宗教人员进行引导，把小学教育中识字、计数和基本伦常等内容与传统民族宗教结合起来，鼓励他们利用现有设施和工作人员对当地适龄儿童进行小学教育，这一方面可以极大丰富宗教场所及其工作人员的教化内容，另一方面更易于正确引导宗教场所及其工作人员的工作，保证当地宗教能正确积极地发挥其应有的作用。同时，这也可以充分利用当地群众喜闻乐见的教育信息传播渠道，大大增加教育的吸引力，对现行的教育方式是一个有益的补充。

三、借鉴国内外文化产业发展经验，关注边疆跨境文化市场建设

1. 要强化大众媒介的文化传播作用

首先，要着力丰富文化产品的市场供给。在多元文化的表达中，媒体对民族而言是一个传播与交流的重要途径，更何况媒体还能真实地再现少数民族的生活，让各族群众在认知自己的同时，了解外部世界。因此，要保证提供给大众开放的编码与编码平台，吸引大众积极主动地参与到边疆民族文化高地的建设进程中，有选择、有继承、有创新地建构边疆民族文化，强化边疆民族文化的吸引力、创造力、辐射力与传播力，对内发挥凝聚团结、稳定发展的作用，对外足以批判地吸收和学习全球文化发展过程中的先进成果。在此过程中，应注意根据当地各族群众的需求和受教育程度来选择公共文化服务提供的语言、内容和传播媒介。一方面，多语种的传播更能符合少数民族地区尤其是边境少数民族聚居区的实际需要，也能发挥对跨境民族和境外居民的吸引作用；另一方面，少数民族群众喜闻乐见的、与他们的生产和生活密切相关的文化产品与服务才能受到广泛的欢迎与认可。

其次，要充分利用现代技术，构建文化产品的传播和流通网络。在传播的手段与媒介上，从实地调研的情况来看，边疆各少数民族地区电视普及率较高，基本实现"一户一机"，而"村村通"工程也让过去较为偏远的接收信号困难的地区如今都听上了广播，看上了电视。此外，现在各山寨使用手机的家庭和人数日益增加，而民族语手机操作系统的推广使得更多年龄大或者不懂汉语的人也能顺畅

地使用手机，因此云南试点"三网合并"正是未来文化产业打破传统分工方式，更加适应市场需求的选择，这样文化产业就能充分利用好每一个现有的信息交流平台，并在逐步引入更方便、快捷和低使用门槛及低使用成本的平台与手段后，发挥更广泛的辐射作用和影响力。

2. 强调多语种教育与跨境民族文化交流和对外宣传相结合

在边境地区已经开办多所可接收外籍学生学校的基础上，加大对外招生力度，并给当地学校适当的自主经营权，国家对招收外籍学生达到一定数量并取得良好成效的学校要给予补贴和奖励，既开拓学校的生源，鼓励办学的积极性，解决境内外边民的基础教育问题，又宣传中国的经济社会及文化发展成就，同时也可让边民之间的了解和交流更为深入、更为真实可信、更加贴近生产和生活实际。现在东南亚、南亚各国有经济能力的家庭都想尽办法把孩子送到中国来学习汉语，熟悉中国文化，就是因为他们看到学习汉语的真实市场回报，希望以相同语言同中国大市场接轨，参与中国未来的发展进程。因此，市场上对中国文化与中国教育的需求是在不断增长的。在边境地区开展多语种教育首先是在语言上克服跨语言交流的困难，加之境内外各民族生活习俗相近，商贸往来频繁，为开展面向境内外的多语种教育服务提供了可行性。同时，加快开放沿边地区劳动力要素市场的进程，以旺盛的市场需求吸引更多境外劳动力学习汉语，参与市场劳动；以充裕的市场供给形成对境内劳动力要素的有效配置，让境内劳动力通过参加跨境市场劳动，获得更高市场回报及更多发展机遇。

3. 建构特殊的制度体系

针对边境地区市场交易的特殊性，在保证口岸贸易持续稳定的前提下，对现有制度、规则进行创新性的改进，使其更适于边境贸易、边境旅游等经济、文化交流的开展，如简化通关手续，对两国居民实行互免签证，对经由边境入境的第三国游客实行落地签证等，都将极大地促进边境经济和文化的交流，有利于培育边境市场，更有利于展示云南开放和市场化变革的经济成就、文化发展成就及社会成就。

第六节　强化文化与旅游产业的融合发展

以产业融合的方式推动边疆文化产业的市场化进程。

前述鹤庆的案例向我们证明，在云南文化发展进程中，结合本地实际，避开产业基础薄弱的不利因素，发挥资源优势，以产业融合的方式实现发展目标，是可行的更是现实的，更是对大众消费时代社会消费需求发展趋势的回应。

旅游产业发展与文化发展均在社会发展的总体框架中进行，因而其公共服务中有一部分是和一般公共服务重叠的，如保证城镇通达性的交通基础设施和满足游客外出旅游基本需求的住宿、餐饮设施也同样长期为本地居民提供服务；而市民文化娱乐场所同时也为游客提供旅游过程中的娱乐服务。当然，由于旅游产业发展的特殊要求，旅游公共服务也有其特殊的组成要素，如旅游市场规制、旅游公共信息、旅游产业政策等。旅游公共服务的存在与供给弥补了文化公共服务的不足，有效保证了区域文化健康、稳定地发展，同时促进区域文化与旅游产业发展对地方经济社会的贡献不断增加。

为保证云南地区公共文化服务能真正做到以需求为导向，必须找准公共文化服务的定位，且定位既要符合大众消费时代的特殊要求，又要符合边疆民族地区文化发展的特殊性。"定位"简言之就是"能为谁做什么"。具体而言就是，在大众消费时代，高文化提供各族文化展示的机遇，高技术提供各族文化展示的技术，休闲旅游提供各族文化展示的平台。因此，公共文化服务除了继续强化文化旅游的便利性之外，还应顺应全球化发展在两个层面上的要求，一是为全面市场化打造平台，规范秩序，做好统一大市场建构的基础工作，帮助众多文化载体及其自主原创的旅游文化产品做好与市场对接的工作，如统一技术标准，申请商标，鼓励成立行业协会，实现行业自律，维护公平竞争，争取早日与全国市场甚至国际市场接轨；二是在精神文化层面着力提升各族群众的文化素质，提升其文化行为能力，在强化其对本民族传统文化认知的同时，赋予其用现代化的技术手段创新本民族文化展示、传承路径的能力，对民族传统文化的创新予以直接的资金和政策支持，提供信息服务，引导其在休闲旅游产业前端的发展中，逐步体现出资源比较优势、产品差异化优势，形成云南文化旅游产业发展的核心竞争力。

一、培育全民文化消费观念，引导各族群众文化旅游消费

首先，创造文化惠民条件。既要考虑公共文化服务的一般内容，也要考虑云南民族地区文化发展的特殊需求。既要考虑文化发展的一般需求，如加强文化基础设施建设，也要满足边疆民族地区文化和旅游产业融合发展的特殊需求，如扶持后发地区文化产业发展和提升各族群众参与文化旅游产业发展的能力。既要以"发展"为目标，也要以"公平"为原则，尤其是给予后发地区、后发民族及弱势群体更多的政策优惠和资金扶持。具体来说，要使文化消费真正成为各族群众的普遍需求，就要对"少、边"地区收入较低的各族群众实行相应的福利文化旅游消费政策，对广大学生群体推广休学文化旅游，对退休、离休人员推行银发文化旅游，使云南各族群众都能不同程度地参与到文化旅游活动

中，从而使全省范围内的文化旅游市场需求得到有效激发，使文化消费尤其是寓教于乐的文化旅游消费成为帮助各族群众获得身心愉悦、保障身心健康和直接分享现代化成果的主要方式。同时，要逐步增加省内"少、边"地区文化旅游发展专项投入，配合城镇化建设，兴建城镇文化旅游设施，既提升当地旅游产业发展的可行性，也从根本上就地满足当地各族群众的文化旅游需求，发挥文化旅游"娱民"的功能。

其次，强化可持续文化消费理念。20世纪五六十年代，第二次世界大战后经济迅速复苏的欧美各国逐步发现，大量外出的客流给自然环境造成巨大压力，对很多资源造成不可逆转的破坏。面对日益增加的大众休闲需求，在帮助大众实现休闲功能的同时，必须适度限制其活动范围，引导其以更健康、更合理的方式进行休闲。于是，大量的城市休闲综合体在中心城市、主要社区开始兴建，这种综合体既增加了城市和社区的文化消费空间，形成了城市新的现代景观，又在相当程度上限制了客流对自然环境的破坏。城市文化综合体提供的吃、住、行、游、购、娱产品一体化消费方式也极大地吸引了消费者，满足了他们闲暇时间的文化消费需求，保证他们有场所休闲，有项目娱乐，有产品消费，从而彻底改变了传统的文化消费观念，强化了可持续文化消费导向，以文化发展促进就地城镇化。

二、分类提供公共文化服务，引导各族群众参与文化产品生产供给

根据需求差异化原则，分类提供公共文化产品与服务。

1. 为全面市场化创造条件

大众消费时代的需求分散性和高度差异化，使得多元民族文化有了吸引小众市场、利基市场的机会，过去坐拥民族文化资源却无法享受资源效益的各族群众有了参与文化生产供给的可能性。高技术铸就的全媒体，也成为传统民族文化的全新阐释系统和展示平台。越来越多的民族文化元素、民族文化资源成为云南文化旅游产品的魅力因素，吸引着巨大的国内外文化消费市场。与之相对应，没有条件、没有基础参与第一、第二产业现代化进程的各族群众，特别是云南偏远山区的少数民族群众，却可以利用现代传媒技术，把自己的传统生产和生活通过进城、上台、上线的方式向外界展示和推送，大量的民族文化精英已经被挖掘和保护，但"非遗传承人"保护的方式显然惠及的范围还太窄，政府公共文化服务的着力点应该放在如何让民族文化传统成为统一大市场接受的产品，成为各族群众参与文化供给、分享文化产业发展收益的资源基础。

前面提到的鹤庆新华村以制银器而闻名，政府在招商引资建设特色文化旅游小镇等方面先行先试，但在如何使鹤庆银器品牌化、技术专利化和标准化、民间

艺人产业工人化、生产作坊企业化、市场营销现代化等方面欠缺有效举措，致使特色技艺的传承仍呈现各行其道、散小弱差，高品质产品得不到市场广泛认可并实现高市场收益的局面。文化旅游产业的发展已经形成规模需求，但面对大众消费时代更高要求，全面实现市场化应该是公共文化服务的着力点。帮助像新华村这样已经小有名气并具备初步发展基础的特色乡镇，形成与国内统一大市场甚至国际市场的对接，是这个时代公共文化服务的主要内容。要着力提升当地文化精英的地位，通过身份转变对其实行有效管理并形成传承梯队；对现有产品线实行整合归并，形成优势产品系列并保证不断地推陈出新，以专利形式保护自主设计和手工技艺的知识产权，以现代化的市场营销手段形成与市场的良性互动，保证真正的民族传统文化产品得到应有的市场认可与回报，并形成持续发展的能力。同时，在文化旅游产业后发地区加强对剩余劳动力的培训与引导，引导其参与文化旅游产业的生产与供给，既发挥文化旅游产业吸纳就业的比较优势，又让更多民族地区的群众以参与第三产业，提供文化旅游服务的方式提升自我发展能力，逐步实现各民族的现代化转型。

此外，在旅游产业发展相对较早、具备一定产业基础的地区，如滇中的昆明、玉溪，滇西北的大理、丽江，滇南的西双版纳，文化旅游产业发展较快，但存在市场监管不力、公共文化旅游信息供给不足、文化旅游产品缺乏民族特色和文化内涵、高级管理人才缺乏等问题，公共服务在上述区域的着力点应该是加强市场规制建设和加大法律法规对扰乱市场秩序行为的惩戒，加强对文化旅游产业发展环境影响评估与规范，加强对文化旅游产业前端，即民族文化旅游产品开发与创新的鼓励和扶持，培育大型文化旅游企业或企业集团，鼓励和吸引高级文化旅游专业人才进入上述区域，加强人才队伍建设，不断提高管理和服务水平；对于直接在上述区域投资并进行管理或技术输出的企业予以政策优惠；等等。此外，加强便捷化设施建设，建设文化旅游咨询公共网站、公共场所文化旅游咨询中心，完善道路标识系统等；加强文化旅游活动的安全、卫生等保障工作，加强突发事件应急处置能力建设，健全文化旅游安全救援体系等也是在旅游产业转型升级发展中旅游公共服务应该着力的内容，并以此推动并引导这些地区文化旅游产业在大众消费时代的升级和转型，突破发展瓶颈。

2. 在文化旅游产业后发地区要着力提升各族群众对文化资源价值的认知和参与文化旅游产品供给的能力

主体对休闲价值的认知直接影响其参与休闲消费与生产的主动性，只有让各族群众真正意识到大众消费时代的文化旅游产业发展是前所未有的大好机遇，有助于把传统生产和生活方式直接与现代化、市场化对接，甚至可形成对外部市场具有较强吸引力的文化旅游产品、文化休闲产品，实现脱困致富，才能提升他们对资源价值的认知，激发他们参与生产的主动性。因此，公共文化服务要利用各种渠道、媒体向他们宣传大众消费时代、介绍时代特征与发展要求，让他们了解根据自身实际如何参与生产供给。同时，公共文化服务还应该整合各类资源，不断提升各族群众参与供给的能力，尤其是参与文化旅游产品前端供给的能力，把他们源于生产和生活的创意与设计逐步应用于文化旅游产品的生产，以市场回报的方式鼓励他们不断创新。在"双基"教育基础上的服务业、旅游业专项培训和文化旅游工艺品设计等就属于公共文化服务真正立足各族群众发展实际，提升其文化可行能力和参与休闲供给能力的重要功能手段。

三、推进休闲时代云南旅游产业与文化产业的融合

云南边疆民族地区丰富的自然旅游资源和人文旅游资源是旅游发展的基础和前提，开发保护得当，可形成云南旅游产业发展的优势并为云南旅游产业可持续发展奠定基础。休闲时代的旅游产业发展，对大众旅游时代的产品内容、层次及功能等都有全新的要求。因此，着力推动旅游产业与文化产业的融合，是休闲时代对旅游产业升级与转型的要求，也是有效发挥云南民族地区资源优势的要求。

1. 从产品内容上来看，更加注重其文化内涵、知识底蕴

成熟的游客在大众旅游时代已经初步完成了走马观花式的"巡游"，在休闲时代，花钱花"闲"去体验旅游产品的深层次内涵，如民族地区演艺文化产品与旅游舞台表演的结合就是一种让游客了解、认知并最终认同当地文化的极好形式，在挖掘、整理其内容时应注重对人类共性的观照，引导游客健康、向上和积极、乐观的文化体验，在表演形式上注意与现代技术结合，要符合现代人的审美要求。这既可以丰富旅游产品的内容与层次，又有利于保护、开发少数民族传统艺术。但在民族传统艺术真正变成民族传统艺术产品之前，由于其开发前景难以预料，投入产出难以估算，较少有企业或者个人愿意投资，这就需要旅游公共服务对产业链前端予以优惠和扶持。一方面，支持对民族传统艺术的挖掘、整理，鼓励以此为核心的创新产品开发，对知识产权予以保护；另一方面，大力扶持扎根民族地区的小微企业甚至个人对少数民族传统艺术的开发与传承。只有这样，才能使得旅游产业发展有取之不尽的内容和素材，也才能使民族地区旅游产品的特色具备常变常新的魅力因素。

2. 从产品的功能上看，游客的需求层次有所提升，需求内容更加丰富

大众旅游时代的吃、住、行、游、购、娱六要素供给体系已经能使绝大多数游客的基本需求得以满足，但休闲时代到来后，游客的需求层次有所提升，需求

内容也更加丰富，因为休闲具有消费性、个性化、周期性、消遣性、时代性等特性。消费性说明休闲旅游是比大众旅游更高层次的旅游需求，依然需要基本供给体系，但在层次和质量上要有所提升，在内容尤其是功能上要有所改进，从价格到与之相匹配的产品与服务质量都有明显差异，要让游客"留得下来，花得出钱"，要有"消遣性"，即产品设计应更突出娱乐、体验的内容；产品要具备可自由组合、多种搭配的可行性，即不是一次性生产产品，而是做"平台"，在平台基础上根据需求分别组合成产品，因为休闲具有"个性化"的特征。这样的产品生产从理念到技术再到市场培育，是一个渐进的过程，需要旅游公共服务提供信息，予以有效引导和技术支持，同时搭建政府平台，进行商业营销。云南隔年举办一次的中国国际旅游交易会就是集中展示国外、国内旅游新产品、新技术、新趋势的盛会，也是文化与旅游产业融合发展、共荣共赢的盛会。诸如云南文化产业投资控股集团有限公司等大型国企也在文化与旅游产业融合发展的过程中形成自己独具特色的产品和服务，是云南文化和旅游产业融合发展的先行者，对它们发展经验的总结推广，以及撬动这些实力雄厚企业的资源，与"少、边"地区联合发展文化旅游产业应该成为边疆民族地区旅游公共服务的重要职责。

第八章　结　语

在云南众多的资源中，丰富的历史文化资源与民族文化资源是最能凸显云南特色的，若能以这些资源为基础实现云南的跨越式发展，将有可能在全球经济一体化的进程中，通过特色经济的发展，帮助云南广大地区缩小与经济发达地区的差距，甚至有可能在某些产业和经济社会领域形成发展的比较优势，实现"由后变先"。

过去缺乏对资源转化成产品的规模需求，缺少可资利用、对资源进行有效开发的技术，更缺少引导变资源优势为产业优势的政策与机制，因此，改革开放四十多年后云南依然位列欠发达省区市的行列。如何利用云南的资源优势，尤其是文化资源的优势，通过科学路径，实现经济社会的全面发展，是云南当下必须思考并解决的问题。只有利用文化这样的可再生资源，才能有效发挥云南特色资源推动经济社会发展的作用，因地制宜地摸索出一条适合云南这样地处边疆、经济基础薄弱、产业化程度低的地区在全球化背景下实现和谐发展的道路，形成区域经济特色，在现代化进程中实现自我发展，并有机融入全国乃至全球化的发展序列。从这个意义上说，研究云南文化发展的特殊性及其路径选择，不仅是云南经济社会发展必须面对和解决的问题，也对其他类似省区市的发展有一定的借鉴意义和作用。

本书的研究结论概括起来包括以下两点。

第一，市场化变革是文化发展的必由之路。云南文化发展在改革开放后取得了长足的进步。这一方面是由于云南文化在长期的历史演进中形成了与众不同的特性；另一方面是开放的市场不仅搭建了文化发展的外部平台，形成对文化变革的外生激励，而且从根本上激发了文化变革发展的内生动力。文化的市场化变革不仅使文化主体获得市场回报的激励，还增进了云南各族文化主体对本民族文化的再认识，激发了他们对新知识、新技术的渴望，进而主动维系和谐安宁的发展环境。市场化变革令过去被视为阻碍经济社会发展的云南文化特性，转化为全面推动经济社会发展的特殊优势，为云南的全面发展创造了前所未有的"由后变先"的机遇和可能性。因此，从这个意义上说，文化发展的市场化变革是云南这样的边疆民族地区全面发展的必由之路。

第二，公共文化服务是文化市场化发展有益和必要的补充。市场的逐利本性使其基本漠视或者忽视弱势群体和弱势产业需求，因为资源的配置效率是市场的行为基准。于是，对上述需求的关照与满足就只能依靠市场以外的手段——公共产品和公共服务，尤其是在云南这样发展滞后的区域，对于"少、边"地区各族群众的文化权利落实和发展中的云南文化产业，更需要公共文化服务在大范围和长时间内给予支持与扶持，以推动云南文化发展的市场化变革，并促使文化产业形成一定程度的市场竞争能力，进而融入国内和国外文化市场化发展的序列。为了保证公共文化服务的到位与效率，就必须以需求为导向，实行民主决策程序，以使公共文化服务能真正发挥惠民与引导发展的作用。

研究结论从理论上回应了立论研究要解决的问题。

一、政府与市场的关系

政府与市场的关系并非计划经济与市场经济的关系。前者是并存、互动关系，后者是替代关系。市场经济的本质就是让所有人都能通过市场的平等交换来获取与自己的付出相匹配的回报，从而激发个人的积极性、主动性和创造性，同时实现资源的优化配置，因此可以极大地解放生产力。

但是，市场要发挥这种作用需要具备两个基本条件：一是规范的、公平公正的市场交易规则与运行秩序；二是保持市场竞争的充分性和市场交易信息的足够透明度。要达成这两个条件，必须有政府高效的公共管理和服务，包括交易规则的制定，运行秩序的维持，反垄断、反欺诈措施的推行，等等。

因此，把政府与市场对立起来是不正确的。任何国家的运行体制都既有市场又有政府。在云南文化的市场化变革过程中，就充满了政府与市场、政府与企业、政府与民众的互动。正是这种良性互动，推动了云南文化、经济的协同发展，尤其推动了文化与旅游产业的融合发展，取得了较好的经济和社会效益。

当然，政府和市场都有两重性。政府过强，既可能集中力量办成好事、大事，又可能浪费资源，造成重大损失，还有可能压抑企业和民众的积极性、创造性，造成效率损失。市场也如此。市场交易的平等性仅仅表现为市场参与者选择是否参与交易的自主性，但平等形式的背后却是不平等实力之间的竞争。优胜劣汰是市场竞争的一般规则。不具备实力的一方，如处于弱势的少数民族经济、文化参与市场竞争，需要政府给予一定时间、一定程度的保护与扶持。但保护与扶持要适度，过度的保护扶持不但培育不出竞争力，还会使其丧失自生能力。

现在，理论界和实际部门达成的共识是，在经济调节与资源配置中，市场起决定性作用；企业、市场能做的事，政府不要插手干预，企业、市场做不了，而出于公众利益又要做的事，政府就要去做。不过，在能做与不能做的事之间，界限并非清晰，也并非一成不变，一切要看环境与条件。环境与条件变化了，界限也就变化了。

例如，人们常常把政府比作球场上的裁判，把在市场上自主运作的企业比作球员或球队，意指政府不能既做裁判，又上场踢球。这个比喻一般来说是对的。但是，如果把球场，即市场从国内挪到国外，那么，一国政府就不再只是裁判了，它首先要当本国球队的领队，跟他国政府谈判比赛的规则，在制定好公平的游戏规则之后，才来当裁判。同时，它还要想方设法帮助球队改进技艺和组织，争取完胜对方。

由此可见，政府与市场的关系会因时、因地、因环境的变化而变化，也会因政府与市场的各自状况的不同而变化。它们在适应环境、条件的变化中互动，同时在互动中改变环境、条件及对方。一切都有可能，唯一不可能的是凝固不变的格局。

关于政府公共服务，本书主要考虑公共服务的合法性和必要性。市场化首先意味着以需求为导向，因此了解目标客户群的需求成为市场化的前提和基础，公共服务也不能例外，只有这样才能让有限的公共投入用到百姓最需要的环节。其次，要监督并提高其公共服务及投入的使用过程，保证公共投入的效率。政府公共服务的必要性在于弥补市场的不足，把市场主体无力或不愿意关照的环节纳入政府公共服务的范畴。

二、文化市场化与公共文化服务

文化包含多个层次、多种形态。作为观念形态的文化，属于上层建筑范畴，是经济基础在思想意识形态上的反映。有什么样的生产方式，就会有什么样的思想文化。当市场经济取代计划经济时，反映自给自足生产方式的传统文化观念就要转变为适应商品生产和商品交换的文化观念。不过，文化观念并非永远处于被动状态。它有自身的演化特性，即继承性、创新性和传播性。外来文化的进入、传统文化的创新与传播，会引发当地主流文化观念的变迁，从而反过来推动当地生产方式和经济基础的变迁。也正因为如此，没有一成不变的文化，也没有自我封闭能实现创新和发展的文化。文化的进步与发展通常都需要通过与他文化的交流、互动、学习、借鉴甚至是融合才能实现。

对于文化市场化需要一分为二地看待。需要市场化并可以市场化的，是那些能够通过产品或服务形式进入市场而获得商业价值的文化，包括器物形式的文化、文本形式的文化（两者均为产品形式）和服务形式的习俗文化（通过旅游业转换为表演服务形式）。它们可形成文化产品和文化服务，以此为基础形成的产业可称为文化产业。不过，其中也有一些产品是无法直接市场化的，如古籍、古文物、古建筑、古树、古村落等，需要政府或社会组织给予保护与扶持，并用跨界的方式，以其他产业的发展来实现其市场价值，如旅游产业。此外，文化市场化如同经济市场化一样也具有两重性：既能推动民族文化的发展，产生正效应，也会对民族文化形成冲击，产生负效应。例如，橡胶生产推动了傣族经济的发展，但其对当地生态和原生文化却造成很大冲击；借助旅游产业向外推介了民族文化，使文化成为产业，改善了当地经济和居民生活，但也造成了对当地淳朴民风的恶劣影响。当原生态的传统文化变成低俗的商业性表演文化之后，其对游客的吸引力将被大大削弱。因此，如何趋市场化之所利，避市场化之所害，是推进文化市场化不可回避的课题。

公共文化服务的合法性、必要性。市场失灵的存在，给政府公共服务提供合法性的最好依据。政府公共文化服务的必要性在于，企业不可能承担高昂的沉没成本。例如，基础教育、职业教育，其实不可能保证所有人都成为企业需要的人才，只能保证所有接受教育的人比没有接受教育的人，多接受教育的人比少接受教育的人有更多的文化可行能力和应对市场需求的自由。因此，企业由于逐利本性和生存要求，对这样的沉没成本是不可能过多承担的，只能将企业的主要培训教育经费用于在岗在职员工培训、专业人员的提升培训，而对企业以外的教育与培训无力负担。企业也会极力规避机会成本，在所有可供企业选择的投资方案中，企业肯定会选择预期收益最大的，放弃相对收益较低的投资方案。由于具有自主知识产权的文化产品在市场投入的过程中预期回报不确定，市场全面接受需要时间，加之目前对知识产权保护的市场生态环境不健全，相关法律法规的落实也不到位，原创的市场激励不足，企业为了规避不必要的机会成本，也倾向避免在文化产品上进行过多的创新投资，经常使用的方式是"新瓶装旧酒"。随着企业融资成本的不断增加，企业更关注或者更倾向选择那些投资回收期短的项目，这样可以大大降低融资风险，规避市场不确定性给企业经营带来的压力。因此，对于文化发展的基础环节，如基础教育和民族文化精英的培育，对于文化产业的前端，如原创部分等诸如此类投资回报需要很长周期才能显现的环节，企业是不会过多投入的。

当然，本书在对云南文化发展的探讨中仅就市场化及公共文化服务两个方面，按照市场和政府在现代化进程中的角色与作用的理论主线进行了探讨，同时主要是以计划经济时期与改革开放以后两个时代的发展与变迁为对照进行研究的，这对于全面反映云南文化的发展历程显然是不够充分和全面的。未来在理论平台的搭建上会引入更多切合云南文化发展实际的理论体系、方法与分析范式，对云南文化发展尤其是现代市场化发展有更为深入和全面的剖析和阐释，以期得出更具说服力和实践指导意义的结论。

笔者因为长期扎根云南边疆民族地区，所以对这片土地有着深厚的感情，在案例资料的选取与本书的落脚点上也完全依据云南文化发展的特殊性与共性并存的现实状况。本书可能的创新是借助传统的市场分析范式，对云南文化发展的两个时代进行了比较，用对比的方法提出市场化是云南文化发展的最优路径选择，同时辅以政府公共文化服务，保证市场机制作用的有效发挥。未来的研究不仅在理论层面要更加深入全面，在实证研究方面也要扩展研究范围，把与云南相类似地方的文化发展，特别是文化与旅游产业融合发展纳入研究范畴，使得研究更符合广大西部省区市的实际，具有更多的参考意义和更高的借鉴价值。

参 考 文 献

[1] 阿帕杜莱 A. 全球文化经济中的断裂与差异. 陈燕谷译. 北京：生活·读书·新知三联书店，1998：521.

[2] 王铁志. 人口较少民族发展调研回顾之十二：人口较少民族的现代化. http://www. minwang. com.cn/eportal/ui?pageId=663068&articleKey=775536&columnId=732801，2020-12-25.

[3] 亨廷顿 S，哈里森 L. 文化的重要作用：价值观如何影响人类进步. 3 版. 程克雄译. 北京：新华出版社，2010：48.

[4] 张晓明，胡惠林，章建刚. 中国文化产业的发展及其对策. 中国经贸导刊，2002，（4）：18-20.

[5] 章建刚. 利用资源优势走可持续的文化产业发展道路. 民族艺术研究，2003，（5）：28-29.

[6] 赵晓红，岳淑芳. 云南文化产业的时代审视与发展思考. 云南民族大学学报（哲学社会科学版），2012，（3）：91-95.

[7] 钱雯，张敏. 南京市文化产业发展的 SWOT 分析. 特区经济，2008，（8）：55-56.

[8] 尹柯，李金兆，眭海霞. 加快成都文化产业发展的思考. 宏观经济管理，2012，（8）：81-82.

[9] 喻莎莎. 河南省文化产业集聚度测算及其特征研究. 中国管理科学，2013，21（S2）：557-562.

[10] 陈政，胡吉，洪敏，等. 湖南文化产业发展的时空特征与影响因素分析. 经济地理，2018，（3）：129-134.

[11] 路光前. 微笑曲线与文化产业发展的经济分析. 西北大学学报（哲学社会科学版），2010，40（6）：96-98.

[12] 刘立云. 中西部文化产业集群的区域竞争优势研究. 中国软科学，2011，（S2）：199-205.

[13] 张琰飞，朱海英. 文化产业与旅游产业耦合发展的区域差异分析——基于省际面板数据的实证研究. 华东经济管理，2012，（10）：54-59.

[14] 蒋占峰，张栋. 新农村文化市场增能研究. 深圳大学学报（人文社会科学版），2011，（4）：119-122.

[15] 钱崇涛，赵敏. 试论政府在文化市场中的定位问题. 浙江传媒学院学报，2003，（1）：54-56，48.

[16] 张晓明，李河. 公共文化服务：理论和实践含义的探索. 出版发行研究，2008，（3）：5-8.

[17] 章建刚，陈新亮，张晓明. 近年来中国公共文化服务发展研究报告. 中国经贸导刊，2008，（7）：23-25.

[18] 贾旭东. 全球化背景下的中国文化产业政策及其影响. 同济大学学报（社会科学版），2009，（3）：49-55.

[19] 齐勇锋，李平凡. 完善公共文化服务体系提高国家文化软实力. 中国特色社会主义研究，2012，（1）：64-72.

[20] 高宏存，卜晓菲，刘超. 创新中不断推进的国家公共文化服务——2011 年我国公共文化服务发展成就综述. 长春市委党校学报，2013，（2）：24-29.

[21] 惠鸣，孙伟平，刘悦笛. 公共文化服务体系架构与方式创新：嘉兴个案. 重庆社会科学，2011，（11）：111-117.

[22] 邹广文. 全球化时代的文化整合. 长春市委党校学报，2001，（1）：61-65.

[23] 吕振合. 文化全球化与文化发展的战略选择. 中共中央党校学报，2004，（4）：87-91.

[24] 吴碧英. 论经济全球化背景下的民族文化发展与走向. 福州党校学报，2006，（2）：35-37.

[25] 王群. 云南非物质文化遗产代表项目的现状及保护对策. 民族艺术研究，2005，（5）：67-74.

[26] 殷国禺. 云南文化发展的动力分析. 昆明理工大学学报（社会科学版），2008，（12）：15-20.

[27] Kaungamno E E. The book industry in Tanzania. Occasional Paper No.15. Working Paper Presented at the Meeting on the Place and Role of Cultural Industries in the Cultural Development of Societies，1980.

[28] Pendakur M. Cultural dependency in Canada's feature film industry. Journal of Communication，1981，31（1）：48-57.

[29] Colista C，Leshner G. Traveling music：following the path of music through the global market. Critical Studies in Mass Communication，1998，15（2）：181-194.

[30] Dumbrell T. Cultural and recreational services. Industry Training Monograph No.16. National Centre for Vocational Education Research，1998.

[31] Jelincić D A. Splintering of tourism market：new appearing forms of cultural tourism as a consequence of changes in everyday lives. Collegium Antropologicum，2009，33（1）：259-266.

[32] Gandy O H. Market power and cultural imperialism. Current Research on Peace and Violence，1980，3（1）：47-59.

[33] Council L A. Public Library Services for a Multi-Cultural Society. London：Community Relations Commission，1976.

[34] Yeh T Y. A profile of academic libraries in China. College & Research Libraries，1985，46（6）：499-503.

[35] 史密斯 M J. 文化——再造社会科学. 张美川译. 长春：吉林人民出版社，2005：1.

[36] 多洛 L. 个体文化与大众文化. 黄建华译. 上海：上海人民出版社，1987：116.

[37] 鲍尔德温 E，朗赫斯特 B，麦克拉肯 S，等. 文化研究导论. 陶东风，等译. 北京：高等教育出版社，2011：7.

[38] 泰勒 E. 原始文化. 蔡江浓编译. 杭州：浙江人民出版社，1988：1.

[39] Kroeber A L，Kluckohn C. Culture：A Critical Review of Concepts and Definitions. New York：Kraus Reprint Co.，1952：181.

[40] Williams R. Keywords：A Vocabulary of Culture and Society. 2nd ed. London：Flamingo，1983：90.

[41] 谢弗 D P. 文化引导未来. 许春山，朱邦俊译. 北京：社会科学文献出版社，2008：28-41.

[42] 国家统计局. 文化及相关产业分类（2018）. http://www.stats.gov.cn/xxgk/tjbz/gjtjbz/201805/t20180509_1758925.html，2018-04-02.

[43] 中共中央马克思恩格斯列宁斯大林著作编译局. 马克思恩格斯文集（第 2 卷）. 北京：人

民出版社，2009：591.

[44] 金民卿. 全球化的文化效应与民族文化的发展前景. 学术探索，2011，（2）：106-112.

[45] 章建刚. 制度创新推动文化发展繁荣. 昆明：云南大学出版社，2013：145.

[46] 文化和旅游部. 中华人民共和国文化和旅游部 2020 年文化和旅游发展统计公报. 2021.

[47] 王文光，尤伟琼，张媚玲. 云南民族的历史与文化概要. 2 版. 昆明：云南大学出版社，2014：1.

[48] 施惟达，段炳昌. 云南民族文化概说. 昆明：云南大学出版社，2004：51-53.

[49] 费孝通. 乡土中国. 上海：上海人民出版社，2019：5.

[50] 李思凡. 云南文旅总收入破万亿元提前完成"十三五"规划目标. https://whhlyj.km.gov.cn/c/2020-11-26/3755657.shtml，2020-11-26.

[51] 李庆禹. 云南重点发展十大文化产业. https://www.mct.gov.cn/whzx/qgwhxxlb/yn/201307/t20130716_791320.htm，2013-07-16.

[52] 李开义，黄华. 云南推动民族文化强省建设——繁荣发展 亮点频现. https://www.gov.cn/govweb/gzdt/2011-10/10/content_1965186.htm，2011-10-10.

[53] 云南省文化厅. 云南省"十二五"时期文化改革发展规划纲要. 2012.

[54] 云南省人民政府. 云南省加快少数民族和民族地区经济社会发展"十二五"规划. 2011.

[55] 云南省统计局，国家统计局云南调查总队. 云南统计年鉴（2011）. 北京：中国统计出版社，2011.

[56] 云南省统计局，国家统计局云南调查总队. 云南统计年鉴（2010）. 北京：中国统计出版社，2010.

[57] 中商产业研究院. 2018 年全国文化产业发展现状及资金投入情况分析. 2019.

[58] 李丹丹. 云南省民族自治地方 5 年 198.72 万贫困人口脱贫. https://www.yn.gov.cn/szf/lddt/201108/t20110825_156012.html，2011-08-25.

[59] 丹增. 富足而厚重的云南民族文化资源. https://news.sina.com.cn/c/2004-06-14/12172802295s.shtml，2004-06-14.

[60] 张洁，杨桂红. 云南省文化产业与旅游产业互动发展的对策措施. 经济与社会发展，2009，（9）：90-93.

[61] 高燕，王涓. 云南省芒团村：手工造纸创造美好生活. http://art.people.com.cn/n/2013/0329/c226026-20960168.html，2013-03-29.

[62] 云南省人民政府参事室，云南大学，云南财经大学. 鹤庆县休闲度假旅游地总体规划. 2011.

[63] 范建华，张睿莲. 中国城镇化之路新探索：来自云南大理新华村的启示. 学术探索，2013，（4）：14-18.

[64] 赵黎浩. 【叫响劳务品牌 提升就业质量】鹤庆银匠，敲出幸福生活"回响". https://www.workercn.cn/c/2021-12-13/6933657.shtml，2021-12-13.

[65] 樊华. 文化转型与中国少数民族艺术的分化. 思想战线，2009，（6）：131-132.

[66] Myrdal G. Economic Theory and Underdeveloped Regions. New York：Harper & Brothers，1957：112.

[67] 陈伟平. 高度重视加快民族地区经济发展. 内蒙古科技与经济，2006，（5X）：93-95.

[68] 金里卡 W. 当代政治哲学. 刘莘译. 上海：上海译文出版社，2011：362-363.

[69] 赵才，邹逢佳. 民族地区的特殊性与构建和谐社会. 云南民族大学学报(哲学社会科学版)，

2006,（3）：42-46.

[70] 方铁. 云南跨境民族的分布、来源及其特点. 广西民族大学学报（哲学社会科学版），2007，（5）：9-14.

[71] 孙寅翔. 红色档案·云南省全国劳模口述历史丨李娜倮：奏响拉祜群众致富乐章的"百灵鸟". http://yn.yunnan.cn/system/2022/07/08/032177447.shtml，2022-07-08.

[72] 黄筱娜. 科学发展观与民族文化建设. 广西社会科学，2004，（10）：158-161.

[73] 傅沂. 路径依赖经济学分析框架的演变——从新制度经济学到演化经济学. 江苏社会科学，2008，（3）：63-70.

[74] 王亚南. 中国公共文化投入增长测评报告2022. 北京：社会科学文献出版社，2021.

[75] 杨亮. 财政部：切实增加文化建设财政投入. 光明日报，2011-11-06，（02）.

[76] 林艺，蒋泽苇，石红梅. 云南十六州市公共文化场馆效率调查. 昆明：云南大学出版社，2013：116.

[77] 云南省文化和旅游厅. 云南省文化和旅游发展"十三五"情况总结和"十四五"发展思路. 2020.

[78] 袁政. 我国人力资源高等教育开发的地区差异. 南方人口，1997，（2）：53-56.

[79] 文建东，欧阳伟如. 罗伯特·巴罗对宏观经济学的贡献. 经济学动态，2017，（4）：151-160.

[80] 云南省统计局，国家统计局云南调查总队. 云南省2022年国民经济和社会发展统计公报. https://www.yn.gov.cn/sjfb/tjgb/202303/t20230328_256987.html，2023-03-28.

后　记

　　1997年，我参加了第一次真正意义上的田野调查。在此后的学术旅程中，田野调查成为我了解、接触文化旅游产业发展现实最重要的方式。26年来，我调研的足迹遍布西南地区，尤其在云南16州（市），更是深入了各村寨。每一次调研都不是说走就走的旅行，而是提前熟悉资料、认真计划行程的精心准备。也正是因为认真对待每一次调研，我和团队获得了丰厚的回报，掌握了大量的现实资料。多年来，田野调查活动一直持续滋养着我的教学和研究，这些鲜活的故事熏陶并充实着我和学生的内心，也滋养着我们的精神世界。

　　忘不了80岁高龄还特地为我们披挂上阵、着全套服装道具表演东巴舞蹈的老东巴，忘不了等父母熟睡半夜悄悄带我们出门看萤火虫的小卜少玉庄，忘不了母亲刚刚过世强忍悲痛为我们演唱的傈僳族非物质文化遗产传承人李碧清老师，访谈完成后还用他的手扶拖拉机送我们回驻地：还记得那是个寒冷的冬日，萧萧山风吹得我们瑟瑟发抖，但拖拉机上我们的内心却是温暖的。然而，老东巴再也不能摇着板铃唱念；玉庄的村寨没能发展起乡村旅游，她不得不早早嫁人；李碧清老师还在为年轻人不愿意学习他的唱跳功夫而发愁……

　　每一次调研都带给我们丰富的体验，一方面因深切感受到文化资源的多样和丰富而感动，另一方面也为文化资源的消失而担忧。我们需要一种更直接的方式彰显文化资源的价值，回报文化主体的同时让更多人尤其是年轻人重新认识传统文化，激发他们传承的主动性和积极性。调研的经历将这个想法植入我的脑海，从学术生涯的起点，一直到进入中国社会科学院哲学研究所博士后流动站，再到主持在研的国家社会科学基金项目，从未打消，且越来越清晰。

　　感谢我的博士后合作导师——中国社会科学院哲学研究所章建刚研究员。感谢老师一直支持我的想法，并且不断启发我发挥专业背景和资料累积优势，努力形成对"文化资源富集却未能发挥应有作用反哺文化主体"等现实困境和系列问题的回应。在学习、讨论和接受老师指导的过程中，我的思路逐步清晰，结论逐步明确。后续几年的田野调查为我形成最终研究成果提供了大量实践验证的机会和更为丰富的素材。

　　感谢我的博士导师——华南师范大学经济管理学院的许卓云教授。老师本已经把我送出校门，但得知我的研究遇到困难，老师毫不犹豫地伸出援手，帮助我理清思路，找准主线，读完研究报告后对每章都提出修改意见。在我不断推翻自己的学术探索过程中，饱受煎熬难以坚持的时候，老师发来这封邮件："王国维在《人间词话》中说，古今之成大事业、大学问者，必经过三种之境界。'昨夜西风凋碧树，独上高楼，望尽天涯路。'此第一境也。'衣带渐宽终不悔，为伊消得人憔悴。'此第二境也。'众里寻他千百度，蓦然回首，那人却在，灯火阑珊处。'此第三境也。相信你现在正处在第二境界。再坚持一下，就会看到阳光。"

老师的鼓励我一直铭记于心，这么多年来，无论调研地再偏僻，路途再艰难，都带领团队欣然前往，从未犹豫过。只希望能通过田野调查，挖掘更多文化资源，能通过我们的研究，促使更多资源被有效利用、发挥作用，并构建通过市场反哺文化主体的路径，真正实现文化与旅游产业融合，文化保护与发展并举。

感谢编辑老师的辛苦付出和认真细致的工作。

感谢硕士研究生张鸿、孔营营、杨兰、杨雨婷和杨越琴在校稿阶段帮忙核对文献与调整格式。

感谢一路走来诸多相知相伴的朋友，在我们相互的关心和鼓励中携手共进，他们也是我成长路上最大的收获。

感谢云南大学青年英才培育计划资助本书出版。

生在云南，长在云南，治学在云南。这片红土地上发生的文化与旅游故事已经融入了我的学术生命。在学术探索过程中，我也不断获得国家和省级科学研究基金的支持，这些认可进一步延续了我的学术生命。基于2020年立项的国家社会科学基金"少数民族地区乡村旅游发展的妇女生计资本效应及增进路径研究"，我将继续关注云南少数民族地区的文化保护、传承，以及弱势群体的生计问题，讲好中国故事的民族文化篇章，并不断深化、创新对这些模式的思考。

赵书虹

2022 年 12 月于昆明